Greg Violi

# Die heilige Schönheit des Königs

GREG VIOLI

# Die heilige Schönheit des Königs

Gottes verborgenen Charakter entdecken

GLORYWORLD-MEDIEN

1. Auflage 2007



Bibelzitate sind, falls nicht anders gekennzeichnet, der Elberfelder Bibel, Revidierte Fassung von 1985, entnommen.
Weitere Bibelübersetzung: Die Heilige Schrift, übers. von F.E. Schlachter, Genf, 1999 [Schl]

Das Buch folgt den Regeln der Deutschen Rechtschreibreform. Die Bibelzitate wurden diesen Rechtschreibregeln angepasst.

Übersetzung/Satz: Manfred Mayer
Cover: Vision C, www.vision-c.de
Druck: Schönbach-Druck GmbH, Erzhausen

ISBN: 978-3-936322-28-6

Printed in Germany

Bestellnummer: 359228

Erhältlich bei:

GloryWorld-Medien
Postfach 4170
D-76625 Bruchsal
Tel.: 07257-903396
Fax: 07257-903398
info@gloryworld.de
**www.gloryworld.de**

oder in jeder Buchhandlung

# Inhalt

# Vorbemerkung

Anmerkung zu den Bibelzitaten: Der Autor hat in diesem Buch versucht, die Offenbarung, die der Geist Gottes mit den einzelnen Bibelzitaten beabsichtigte, im Wesentlichen zu erfassen. Es gibt deshalb einige Verse, die nicht genau einer bestimmten Übersetzung entsprechen.

***Deine Augen werden den König schauen in seiner Schönheit.***

Jesaja 33,17a

Die in diesem Buch enthaltenen Wahrheiten haben meinen Geist schon viele Jahre beschäftigt, und vor kurzem hörte ich den Geist des Herrn zu mir sagen: „Jetzt musst du dieses Buch schreiben."

Die Absicht dieses Buches ist deshalb eine zweifache: Zuerst möchte ich Gott verherrlichen, indem ich zu Papier bringe, was er mich über zwanzig Jahre lang gelehrt hat. Und zweitens möchte ich dem kostbaren Leib Christi ein Geheimnis aus dem Herzen Gottes enthüllen, nach dem es ihn verlangt, es zu kennen und zu erfahren.

> Gebet: *Heiliger Geist, du bist der Einzige, der Offenbarung vermitteln kann, und deshalb vertraue ich dir, dass du alle, deren Herz sich danach sehnt, die Schönheit der Heiligkeit erkennen lässt. Amen.*

Gegenstand dieses Buches ist die Schönheit der Heiligkeit Gottes, wie sie in der Gesinnung Christi offenbart wird.

> *... sondern das Törichte der Welt hat Gott auserwählt, damit er die Weisen zuschanden mache; und das Schwache*

> *der Welt hat Gott auserwählt, damit er das Starke zuschanden mache* (1 Kor 1,27a).

> *Denn wer gibt dir einen Vorrang? Was aber hast du, das du nicht empfangen hast? Wenn du es aber auch empfangen hast, was rühmst du dich, als hättest du es nicht empfangen?* (1 Kor 4,7).

Alle Wahrheit, die Sie in diesem Buch finden, gehört allein dem Autor aller Wahrheit, dem Heiligen Geist.

# Einleitung

**Bitte, lesen Sie diese Einleitung!** Dieses Buch wird als eine Offenbarung vom Herzen des Geistes Jesu für die Tiefen der Herzen seiner geliebten Kinder gegeben. Seien Sie sich bewusst, dass der Geist Jesu dafür ein irdisches Werkzeug benutzt; es gibt deshalb Zeichen menschlicher Schwäche im ganzen Buch. Bitte verzeihen Sie mir meine Fehler, und lassen Sie nicht zu, dass diese Sie daran hindern, die wichtige Offenbarung, die in diesem Buch enthalten ist, zu empfangen.

Bevor ich sechs Jahre alt war, konnte ich nicht sprechen; und deshalb kann ich die Wahrheit nachvollziehen, dass der Herr die Einfältigen erwählt, um die Weisen zu verwirren. Schon ganz am Anfang meines christlichen Lebens fing der Herr Jesus an, mich zu seinem Jünger zu machen, indem er mir die wahre Bedeutung des Kreuzes offenbarte. Dieses Buch ist, was mir in den letzten 25 Jahren der Nachfolge vom Meister selbst offenbart wurde.

Der Vater sehnt sich tief danach, dass seine Kinder die verborgene Schönheit des gekreuzigten Lebens vor Augen haben. Wenn man erkennt, dass das Kreuz die Offenbarung des Herzens des Vaters ist, dann kann man die Schönheit der Herrlichkeit sehen, die darin verborgen ist. Wie schon der Liederdichter verkündete: „Wenn ich das wunderbare Kreuz betrachte, an dem der Fürst der Herrlichkeit starb, dann betrachte ich meine größten Erfolge als Verlust und verachte all meinen Stolz."

Ich wünsche Ihnen, dass Sie, nachdem Sie die Offenbarung der Schönheit des heiligen Herzens Jesu Christi empfangen haben, das Verlangen haben, all Ihren Stolz zu verachten. Haben Sie das wunderbare Kreuz gesehen? Der Herr hat verheißen, seine Kinder mit seiner eigenen Schönheit zu schmücken. Ist diese göttliche Schönheit etwas, das geheimnisvoll in den Tiefen von Gottes Herzen verborgen ist?

Die Welt hat ihre Schönheitswettbewerbe und gibt denen, die zuschauen, bekannt, was sie für die schönste Eigenschaft auf Erden hält. Aber Gottes Wege sind völlig anders als die Wege dieser Welt, und deshalb verkündet auch der Himmel, was er als das Schönste ansieht. Kann es sein, dass das Leben, das wir führen, in Gottes Augen hässlich ist? Oder sieht er unser Leben als schön an, wie es beim Leben von Daniel der Fall war?

> *Und siehe, eine Hand rührte mich an und rüttelte mich auf, [so dass ich wieder] auf meine Knie und Handflächen [kam]. Und er sprach zu mir: Daniel, du vielgeliebter Mann! Achte auf die Worte, die ich zu dir rede, und steh an deinem Platz! Denn ich bin jetzt zu dir gesandt. Und als er dieses Wort mit mir redete, stand ich zitternd auf. Und er sprach zu mir: Fürchte dich nicht, Daniel! Denn vom ersten Tag an, als du dein Herz darauf gerichtet hast, Verständnis zu erlangen und dich vor deinem Gott zu demütigen, sind deine Worte erhört worden. Und um deiner Worte willen bin ich gekommen. Aber der Fürst des Königreichs Persien stand mir 21 Tage entgegen. Und siehe, Michael, einer der ersten Fürsten, kam, um mir zu helfen, und ich wurde dort entbehrlich bei den Königen von Persien. Und ich bin gekommen, um dich verstehen zu lassen, was deinem Volk am Ende der Tage widerfahren wird; denn noch [gilt] das Gesicht für [ferne] Tage. Und als er in dieser Weise mit mir redete, richtete ich mein Gesicht zur Erde und verstummte. Und siehe, einer, den Menschenkindern gleich, berührte meine Lippen. Und ich öffnete meinen Mund und redete und sprach zu dem, der vor mir stand: Mein Herr, bei der Erscheinung überfielen mich meine Wehen, und ich habe keine Kraft behalten. Und wie kann der Knecht dieses meines Herrn mit diesem meinem Herrn reden? Und ich – von nun an bleibt keine Kraft mehr in mir, und kein Odem ist in mir übrig* (Dan 10,11-17).

Ich wünsche mir, dass der Heilige Geist Ihnen eine Offenbarung gibt, sodass Sie erkennen, welch majestätische Schönheit sich darin verbirgt, täglich sein Kreuz auf sich zu nehmen und ihm zu folgen.

Ein Mann Gottes bemerkte einmal: „Das Kreuz ist die Kraft Gottes; je mehr es poliert wird, desto geringer ist die Kraft." Dieses Buch lege ich Ihnen unpoliert vor, in der Hoffnung, dass die Kraft durch den Geist vergrößert wird.

Vor vielen Jahren fragte ich eine liebe ältere Glaubensschwester, die Gott sehr tief kannte, wie ich die Liebe von Golgatha in meinem Herzen empfangen könne. Sie antwortete mir: „Mein lieber junger Bruder (damals war ich 25), man muss nach Golgatha gehen, um das Herz von Golgatha zu bekommen." Mit anderen Worten, das Herz des einen, der nach Golgatha ging, ist immer noch das Herz, das nach Golgatha geht, und es gibt keine Abkürzung dafür, die Liebe von Golgatha zu erhalten, außer durch ein Leben, das niedergelegt wurde. Lassen Sie bitte dieses Herz in sich sein und werden Sie eins mit der Liebe von Golgatha! Bitten Sie den Heiligen Geist, zu Ihnen zu sprechen und Ihnen die Schönheit der Heiligkeit zu offenbaren, während Sie dieses Buch lesen.

Greg Violi

***Deine Augen werden den König schauen in seiner Schönheit.***

Jesaja 33,17a

## KAPITEL 1

# Zwei Reiche im Widerstreit

Wir leben heute in einer Zeit, in der viele von Gottes Kindern aus der Tiefe ihres Herzens rufen: „Wo ist die Kirche[1]?" Wie damals die griechischen Festbesucher sagen sie: *Herr, wir möchten Jesus sehen* (Joh 12,21b); und es ist, als würde der Heilige Geist jetzt verkünden: *Die Stunde ist gekommen, dass der Sohn des Menschen verherrlicht werde* (Joh 12,23).

Als der Prophet Maleachi lebte, gab es zwei verschiedene Gruppen von Leuten. Die eine sprach mit arroganten Worten und erklärte aus der Fülle ihres Herzens: *Und was ist der Gewinn, dass wir für seinen Dienst sorgen und dass wir in Trauer einhergehen vor dem HERRN der Heerscharen* (Mal 3,14)?

Die andere Gruppe redete untereinander oft über das Wesen ihres unbeschreiblichen Herrn. Der Herr erklärte, diese zweite Gruppe würde einmal die Juwelen in seiner Krone darstellen, und dann werde auch sichtbar, wer wirklich Gott dient und wer nicht (vgl. Mal 3,16-18).

Liebe Leser, jetzt ist die Zeit gekommen, dass diejenigen, die das Reich Gottes suchen, nicht nur die Autorität, sondern auch den Charakter von Gottes Königreich offenbaren. In den letzten Jahren wurde die Autorität des Reiches Gottes stark betont, doch jetzt legt der Geist den Schwerpunkt mehr und mehr auf

---

[1] Mit „Kirche" ist in diesem Buch keine Organisation gemeint, sondern die Gesamtheit aller Christen, der Leib Christi (Anm. d. Übers.).

den Charakter des Reiches Gottes. Es ist nämlich gut möglich, dass ein wiedergeborener Gläubiger eine dem Reich Gottes entsprechende Autorität ausüben kann, aber gleichzeitig den Charakter des Königreichs der Finsternis widerspiegelt!

Ein weiteres Dilemma, das wir heute erleben, ist die Erkenntnis, dass unser Herr sich selbst als sanftmütig und niedrig[2] bezeichnete. Diese beiden Worte werden in unserer Kultur sehr selten benutzt. Ja, die Worte, die Jesus benutzte, um seine inneren Charaktereigenschaften zu offenbaren, gelten in der heutigen Gesellschaft schon fast als überholt. Wann hat der Fernsehreporter oder der Zeitungsredakteur zum letzten Mal das Wort „niedrig" benutzt? Eine der Hauptabsichten dieses Buches ist deshalb, das Wort „Niedrigkeit" wieder einzuführen und uns bewusst zu machen und erkennen zu lassen, welche Bedeutung es in der Welt und im Herzen Gottes hat! Wir beginnen, indem wir miteinander untersuchen, was das Wort Gottes über die beiden maßgeblichen Königreiche im Universum zu sagen hat.

Ein Königreich braucht einen König. Ohne König gibt es kein Königreich. Ein Herrscher ist über ein Reich gesetzt, und er hat Diener unter seiner Herrschaft bzw. Regierung. Wer ist also der König oder Herrscher über dieses, unser Weltsystem? Ganz am Anfang wurde den Menschen die Herrschaft über die Erde und alle Geschöpfe darauf übertragen. Nach dem Sündenfall übergab der Mensch die Herrschaft an Satan. Damit wurde dieser zum Herrscher über diese Welt. Epheser 2,2 sagt, dass es einen *Fürsten über die Macht der Luft* gibt, der über diese Welt regiert. In 2. Korinther 4,4 steht, dass es einen Gott über diese ganze Welt gibt, und 1. Johannes 5,19 sagt, dass die ganze Welt in der Macht des Bösen liegt. Jesus macht die klare Aussage, dass Satan ein Reich hat: *Wenn aber auch der Satan mit sich selbst entzweit ist, wie wird sein Reich bestehen?* (Luk 11,18a).

---

[2] Im Deutschen wird die Stelle aus Matthäus 11,29 meist mit „... ich bin sanftmütig und von Herzen demütig" übersetzt; das griechische Wort für „demütig" kann auch mit „niedrig" (bezogen auf den gesellschaftlichen Status) übersetzt werden, wie es in englischen Bibelübersetzungen häufig der Fall ist. Da der Autor im Text zwischen „niedrig" und „demütig" unterscheidet, wurde diese Unterscheidung im Deutschen so übernommen, obwohl damit im Grunde dasselbe ausgesagt wird (Anm. d. Übers.).

Satan sagte zu Jesus: „Mir sind alle Reiche dieser Welt übergeben worden." (Offensichtlich hatte Adam sie ihm übergeben; vgl. Luk 4,5.6.)

Epheser 6,12 nimmt Bezug auf verschiedene Klassen von Herrschern über die Finsternis in dieser Welt. In Kolosser 1,13 steht: *Er [der Vater] hat uns errettet aus der Macht der Finsternis und versetzt in das Reich des Sohnes seiner Liebe.* Daniel 10,13 erwähnt, dass es einen kosmischen Krieg gibt, der so intensiv ausgetragen wird, dass zum Beispiel ein böser Fürst des Königreichs Persien dem Engelfürsten des Herrn 21 Tage lang widerstehen konnte.

Und schließlich lesen wir noch in 1. Korinther 15,24-25, dass ganz am Ende alle Herrschaft und Autorität und Macht durch den mächtigen souveränen Herrscher, den Sohn Gottes, abgeschafft wird; und dann wird er das Reich dem Vater übergeben, damit Gott alles in allem ist. In der Zwischenzeit hat die Kirche als Leib Christi auf der Erde die Aufgabe, die Autorität, die das Haupt ihr gegeben hat, zu nutzen, um als Priester und Könige in seinem Namen und als seine Repräsentanten zu regieren (vgl. Mt 28,18-20; Luk 10,19; Offb 1,6).

Im 2. Korinther 10,3-5 wird gesagt, dass sich die Kirche in einem **Krieg** befindet und mit göttlichen Waffen kämpft, um die Festungen des Feindes zu zerstören. Epheser 6,12-17 enthüllt, dass die Gemeinde die gesamte Waffenrüstung Gottes anziehen soll, um in diesem Krieg zu kämpfen, und dass wir alles tun sollen, um sicherzustellen, dass wir – die Kirche, der Leib Christi – *stehen [bleiben] können.* An einem bestimmten Ort kann zu einem bestimmten Zeitpunkt nur eine Sache stehen. Wenn die Kirche nicht an diesem Ort der Autorität steht, die Christus ihr gegeben hat, in den himmlischen Örtern, dann werden die Mächte des Bösen den Platz der Kirche einnehmen.

Jesus erwähnte immer wieder, dass diese beiden Reiche in dieser Welt sind. Er kam, um zu verkünden, dass das Reich Gottes nahe ist; und weil das Reich Gottes bzw. die Herrschaft und Regierung Gottes nahe ist, müssen die anderen Herrscher aus ihrer Autoritätsposition vertrieben werden (vgl. Luk 10,8.9; 9,1.2; Mt 10,7.8; 4,23.24; Apg 10,38).

Jesus scheute sich nicht, öffentlich zu erklären, dass jemand, der zu Gottes Familie (Reich) gehörte, 18 Jahre lang gebunden war; und es ärgerte ihn, dass Satan diese königliche Tochter so lange in Ketten gehalten hatte (vgl. Luk 13,10-16). Überall, wo Christus hinging bzw. wo er andere hinsandte, konnte man eine klare Botschaft hören: Das Reich Gottes ist da!

Unser Herr demonstrierte klar und deutlich die Autorität des Reiches, aber er offenbarte auch den Charakter des Reiches Gottes und lehrte darüber. Wie in diesem Buch immer wieder erörtert wird, musste Christus den Charakter des Reiches dieses Weltsystems aufdecken. Eines Tages kam der Herrscher dieser Welt und wollte sehen, ob er in Jesus etwas finden könnte, um ihn rechtlich anklagen zu können. Es wurde dann offen erklärt, dass nichts in Jesus war, das vom Herrscher dieser Welt hätte benutzt werden können, um den Sohn des Menschen zu verführen, ihm eine Falle zu stellen oder ihn zu bezwingen (vgl. Joh 14,30)! Ja, Jesus sagte sogar, jetzt sei die Zeit gekommen, dass der Herrscher dieser Welt vertrieben und das ganze System gerichtet werde (vgl. Joh 12,31). Offensichtlich war es so, dass der Teufel die Welt eigentlich nicht verließ, sondern stattdessen war der **Eine**, der stärker war als er, gekommen, um ihn zu besiegen, zu entwaffnen und ihm sein Recht, auf der Erde zu herrschen und zu regieren, wegzunehmen (vgl. Luk 11,17-22)!

Gott ist von seiner Beschaffenheit her Licht. Sein ganzes Wesen strahlt ewiges, reines, alles durchdringendes Licht aus; keine Finsternis kann in dieser heiligen Gegenwart bleiben. *Gott ist Licht und in ihm ist keine Finsternis* (1 Joh 1,5b). Das Licht ist in die Welt gekommen, das jeden Menschen erleuchtet (vgl. Joh 1,9), und das Urteil wurde gesprochen, dass die Finsternis zur ewigen Verdammnis verurteilt ist, einem Ort, der für die Rebellen, die die Finsternis mehr lieben als das Licht, geschaffen wurde (vgl. Joh 3,19).

Das Wesen des rebellischen Königs dagegen ist Finsternis, und diese besteht aus Stolz, Hass, Unglaube, Lügen und Bösem. Das Wesen des wahren Souverän ist Licht, Liebe, Wahrheit und lauter Güte (vgl. Eph 5,7-14; 1 Tim 6,15.16). Der Apostel Johannes schreibt, dass, wer seinen Bruder hasst, in der Finsternis ist, selbst wenn er beteuert, im Licht zu sein. Johannes vergleicht Hass mit Finsternis und Liebe mit Licht (vgl. 1 Joh 2,11).

Paulus beschreibt diese Welt als unter der Macht der Finsternis (vgl. Eph 6,12). Er fordert die Gläubigen auf, alle Werke der Finsternis abzulegen und die Waffenrüstung des Lichts anzuziehen, damit sie durch das **Licht** selbst geschützt seien (vgl. Röm 13,12.14). Der Herr Jesus selbst beauftragte sogar den Apostel Paulus, Menschen aus der Macht Satans (auch als Finsternis bezeichnet) zu befreien und sie in den Machtbereich Gottes (auch als Licht bezeichnet) hineinzuversetzen. Licht überwindet immer die Finsternis, *[um] ihre Augen zu öffnen, dass sie sich bekehren von der Finsternis zum Licht und von der Macht des Satans zu Gott, damit sie Vergebung der Sünden empfangen und ein Erbe unter denen, die durch den Glauben an mich geheiligt sind* (Apg 26,18).

In diesen letzten Tagen ergeht der klare Aufruf an alle, die hören können, ein **ungeteiltes** Herz zu haben, denn ein *klares Auge* (jemand, der völlig dem König der Könige hingegeben ist) wird einen Leib haben, der voller Licht ist (vgl. Mt 6,22).

Der König Jesus wird immer in einem *unzugänglichen Licht* wohnen (vgl. 1 Tim 6,15.16), aber der König Satan wird immer Finsternis benutzen, um zu verführen, zu blenden, in die Falle zu locken und zu zerstören. Deshalb ist es entscheidend, dass wir erkennen, ob das Licht, das in uns ist, Finsternis oder echtes Licht ist; denn wenn das Licht, das in mir ist, Finsternis ist, wie viel Schaden wird diese Finsternis anrichten? *Wenn aber dein Auge böse ist, so wird dein ganzer Leib finster sein. Wenn nun das Licht, das in dir ist, Finsternis ist, wie groß die Finsternis* (Mt 6,23)!

Wie genau ist der Charakter des Gottes dieser Welt beschaffen? Hinweise auf den Fall Luzifers finden sich in Hesekiel 28,12-17, Jesaja 14,4-15 und 1. Timotheus 3,6. Diese Bibelabschnitte erwähnen einen König, der symbolisch Luzifer repräsentiert. Alle diese Stellen äußern, dass etwas im **Herzen** Luzifers stattgefunden hat:

- Hesekiel: *Dein Herz wollte hoch hinaus wegen deiner Schönheit.*
- Jesaja: *Und du, du sagtest in deinem Herzen: „Zum Himmel will ich hinaufsteigen, hoch über den Sternen Gottes meinen Thron aufrichten ..."*
- 1. Timotheus sagt uns, dass das Urteil über Luzifer, das ihn zum Teufel machte, ein aufgeblähtes, **hochmütiges Herz** war.

Hinweise darauf, wie Gott Stolz beurteilt, finden wir in:

- Spr 16,5: *Ein Gräuel für den HERRN ist jeder Hochmütige.*
- Spr 15,25a: *Das Haus der Hochmütigen reißt der HERR nieder.*
- 1 Pt 5,5 und Jak 4,6: *Gott widersteht den Hochmütigen ...*
- 2 Chr 26,15.16: Das Herz von König Usija war zu seiner Zerstörung hochmütig geworden.

In 1. Samuel 16,7 und Jeremia 17,10 lesen wir, dass der Herr nur **das Herz des Menschen** ansieht; und in diesem Teil des menschlichen Wesens sucht und prüft Gott ständig, was darin ist. *Wie ein Mensch in seinem Herzen denkt, so ist er* (Spr 23,7; wörtlich aus dem Engl.). Ich bin, was ich im Innern meines Herzens wirklich denke.

Was ist das **Herz?** Die Bibel sagt, dass das Herz sprechen kann; es kann denken, es kann betrügen und es können Dinge aus dem Herzen kommen und eine Person beschmutzen. Das Herz trifft Entscheidungen, das Herz fühlt und das Herz stellt sich etwas vor. Das Herz ist – nach dem Heiligen Geist durch Petrus – die **unsichtbare Person,** die in jedem Menschen lebt, und nur Gott kann sehen, wie er bzw. sie wirklich aussieht.

Gott hat ein Herz. Alle Geschöpfe haben diese unsichtbare Person, die die zentrale Kraft hinter allen Gedanken, Worten und Taten ist. Das Herz kann weise, krank, zerbrochen, zerknirscht usw. sein. Das Herz einer Person kann blind oder erleuchtet sein (vgl. Eph 4,18; 1,18).

Selbst der Teufel und die Engel wurden mit einem **Herzen** geschaffen. *Du sagtest in deinem Herzen ...* (Jes 14,13). *... weil sie Gott kannten, ihn aber weder als Gott verherrlichten noch ihm Dank darbrachten, sondern in ihren Überlegungen in Torheit* *verfielen und ihr unverständiges Herz verfinstert wurde* (Röm 1,21). Im Herzen kann man *singen und spielen* (vgl. Eph 5,19). Satan begann mit Musik in seinem Innern, aber er verlor die vollkommene Melodie und empfing Disharmonie. Im Buch der Sprüche steht: *Durch Übermut gibt es nur Zank* (Spr 13,10a).

Der Apostel Johannes bringt das Wesen Satans mit Finsternis in Verbindung. *Wer sagt, dass er im Licht sei, und hasst seinen Bruder, ist in der Finsternis bis jetzt* (vgl. 1 Joh 2,8-15). Wenn ich meinen Bruder liebe, bin ich im Licht. Gottes Wesen ist Licht, und überall, wo es vollkommene Liebe gibt, wird Licht freigesetzt. Als Kain die Liebe für seinen Bruder verließ, trat er in die Finsternis des Hasses ein. Das Reich Satans wird als Finsternis bezeichnet (vgl. Eph 6,12; Apg 26,18; Kol 1,13).

Die grundlegende Eigenschaft des satanischen Königreichs ist **Stolz** (vgl. Hes 28,17; 1 Tim 3,6). Stolz hatte seinen Ursprung im Herzen Luzifers, nachdem dieser geschaffen war (vgl. Jes 14,12; Hes 28,17; 1 Tim 3,6). Stolz hat tausend Gesichter. Stolz entthront den Schöpfer, um sich selbst auf den Thron zu setzen und zu glorifizieren. Stolz ist die Wurzel, von der alle anderen Sünden abstammen. Als Johannes Christus sah, verkündete er: *Schon ist aber die Axt an die Wurzel der Bäume gelegt* (vgl. Mt 3,10).

Christus, unser König, überwand alle Macht des Feindes als ein siegreiches, überwindendes, niedriges Lamm!

Dieses Weltsystem steht in der Gewalt des Bösen (vgl. 1 Joh 5,19), und deshalb wird Stolz, seine Haupteigenschaft, von allen seinen Dienern geschätzt und verehrt. Unser Herr sagte, dass das, was in den Augen der Menschen hoch angesehen ist, in Gottes Augen ein Gräuel ist (vgl. Luk 16,15). Stolz ist für Gott ein Gräuel, denn er entspringt wirklich dem Wesen Satans (vgl. Spr 16,5). Es ist wichtig, dass wir ganz genau wissen, was Gott hasst, damit wir ebenso genau wissen, was Gott liebt.

In Sprüche 6,16.17 steht, dass Gott einen stolzen Blick hasst. Sprüche 16,5 sagt aus, dass jeder, der in seinem Herzen stolz ist, für Gott ein Gräuel ist. In Jesaja 2,11.12.17 steht, dass jeder, der einen hochmütigen Blick hat, gerichtet und erniedrigt wird, und dass alle Hochmut zerstört wird, damit der Herr **allein** an jenem Tag erhoben wird.

Im Buch Daniel steht über die heiligen Wächter, dass sie die Führer verurteilen, die sich weigern, sich zu demütigen, und stattdessen im Stolz wandeln wollen. Anscheinend gehört zur Arbeitsbeschreibung der heiligen Wächter, dass sie genau beobachten, ob sich das Herz eines Führers erhebt oder erniedrigt. Da Stolz das ist, was Gott in Ewigkeit gerichtet hat, haben diese heiligen Wächter offenbar die Verantwortung, einen Führer, der sich weigert, sich zu demütigen, zu richten. Die heiligen Wächter richteten König Nebukadnezar, damit die Welt die Wahrheit erkennen würde: Es ist Gott, der die Reiche der Menschen regiert; er setzt die Niedrigen ein, damit sie an seiner Statt regieren; und es ist für ihn ein Leichtes, die Stolzen zu demütigen. *Durch den Beschluss der Wächter ist diese Botschaft [zustande gekommen], und ein Spruch der Heiligen ist diese Sache, damit die Lebenden erkennen, dass der Höchste Macht hat über das Königtum der Menschen und es verleiht, wem er will, und den Niedrigsten der Menschen darüber einsetzt* (vgl. Dan 4,17).

Als König Nebukadnezar sieben Jahre später schließlich wieder zur Besinnung kam, sagte er: *Gott kann erniedrigen, die in Stolz einhergehen* (vgl. Dan 4,37b). Wenn jemand zulässt, dass das Wesen Satans, also ein stolzes Herz, in ihm am Wirken ist, tut er etwas, was bei Gott völlig unentschuldbar ist. Er nimmt dann die Anerkennung, Ehre und Herrlichkeit für sich, die völlig und ausschließlich Gott gehört. *Meine Ehre gebe ich keinem andern* (vgl. Jes 48,11b). Gott wird seine Herrlichkeit (Ehre, Anerkennung) niemals einem anderen geben. *Dein ist die Herrlichkeit jetzt und für immer, Amen* (vgl. Jud 25).

Bei König Herodes können wir sehen, dass Gott ein Herz, das die Ehre, die ihm dargebracht wird, für sich in Anspruch nimmt, streng richtet und ganz und gar hasst. *An einem festgesetzten Tag aber hielt Herodes, nachdem er königliche Kleider angelegt und sich auf den Thron gesetzt hatte, eine öffentliche Rede an sie. Das Volk aber rief [ihm] zu: Eines Gottes Stimme und nicht eines Menschen! Sogleich aber schlug ihn ein Engel des Herrn, dafür, dass er nicht Gott die Ehre gab; und von Würmern zerfressen, verschied er* (Apg 12,21-23).

König Herodes hatte gerade den Apostel Jakobus köpfen lassen. Der Herr verhinderte nicht, dass dieser heidnische König einen seiner auserwählten Diener umbrachte; als er aber eine Rede hielt und die Ehre und Verehrung der Menschen annahm, tötete ihn der Herr auf der Stelle. Der Herr hasst **Stolz** in all seinen Formen und Tarnungen völlig. Einer der hauptsächlichen Wege, wie Stolz sein hässliches Gesicht zeigt, ist, indem er Leute verachtet, weil sie nicht so gut, so geistlich oder so korrekt „wie wir" sind.

Immer wenn ich auf andere herabsehe und verachte, was sie tun, sage ich Gott in Wirklichkeit, dass ich qualifiziert bin, einen anderen zu richten, weil mein Charakter einen solch hohen Standard hat, dass ich mir das Recht verdient habe, Herr über andere zu sein, und dass ich, aufgrund meiner eigenen Anstrengung und meines göttlichen Charakters, nicht wie sie bin. Wenn jemand wirklich die Gnade Gottes versteht, wird er andere nicht verachten.

Stolz verschließt meine Augen für die Gnade Gottes und öffnet meine Augen für das, worin ich gut bin. Paulus sagt: *Durch Gottes Gnade bin ich, was ich bin* (1 Kor 15,10). Der Sündenfall des Menschen war in Wirklichkeit der Aufstieg des menschlichen Herzens im Stolz. Stolz kommt immer vor der Zerstörung, und der Ehre geht immer Demut voraus (vgl. Spr 16,18; 15,33). Immer wenn eine Person eine andere ungerecht richtet, offenbart sie damit die Bereiche ihres Lebens, in denen sie in ihrer Selbsteinschätzung wirklich erhoben ist. Wir werden andere nur dann verachten und auf sie herabsehen, wenn wir uns selbst als erhoben sehen und uns für besser als sie halten. Das war es, was Christus so wütend auf die Pharisäer werden ließ.

Wie sieht der Herr einen Sünder, und wie betrachtet er jemand, der einen Sünder verachtet? Manchmal sah Jesus die religiösen Leute an und ärgerte sich über ihre harten Herzen. Es betrübte ihn in seinem niedrigen, demütigen Herzen sehr, dass diese Leute, die nach dem Namen seines Vaters **genannt** wurden, den leidenden Menschen gegenüber so hart und unsensibel sein konnten (vgl. Mk 3,1-5). Auf jeden Sünder wartet ein Herz der Vergebung, aber auf eine stolze, harte und selbstgerechte Person, die einen Sünder verachtet, wartet nur ein Herz des gerechten, göttlichen Zornes. „Jeder, der stolz in seinem Herzen ist, ist für Gott ein Gräuel." „Gott widersteht den Stolzen." „Er hält sich fern von den Stolzen."

Möge der Heilige Geist Sie sehen und fühlen lassen, welche Art von Herz Gott, der Herr des Universums, mit intensiver Leidenschaft hasst – und dass er ein solches Herz in seinem Reich niemals tolerieren wird.

Was sonst hätte unseren niedrigen Retter veranlassen können, solch intensiven, harten Tadel von sich zu geben, wie: „Ihr übertünchten Gräber", „Ein Sohn der Hölle doppelt so schlimm wie ihr", „Heuchler" und viele andere Ausdrücke? Anscheinend haben diejenigen, die die Auswirkungen des Stolzes im Leben anderer gesehen haben, eine größere Verantwortung. Der Sohn von König Nebukadnezar, Belsazar, wurde streng gerichtet und am selben Tag getötet, als Daniel ihm sagte, er habe sich geweigert, sein Herz zu demütigen, obwohl er alle Gerichte, die Gott auf seinen Vater gelegt hatte, gekannt habe (vgl. Dan 5,18-23).

Gott hat die Absicht, den Demütigen Gnade zu geben und den Stolzen zu widerstehen (vgl. 1 Pt 5,5).

In der Natur der Menschheit findet sich der Geist des Stolzes; und dieses stolze Herz, das die menschliche Natur durchdringt, ist es, wodurch die Menschheit unter den Zorn Gottes kommt! *Auch euch [hat er auferweckt], die ihr tot wart in euren Vergehungen und Sünden, in denen ihr einst wandeltet gemäß dem Zeitlauf dieser Welt, gemäß dem Fürsten der Macht der Luft, des Geistes, der jetzt in den Söhnen des Ungehorsams wirkt. Unter diesen hatten auch wir einst alle unseren Verkehr in den Begierden unseres Fleisches, indem wir den Willen des Fleisches und der Gedanken taten und von Natur Kinder des Zorns waren wie auch die anderen* (Eph 2,1-3). Wenn jemand sein Herz demütigt, weil er erkannt hat, dass seine Gedanken, seine Gefühlsregungen und sein Wille von Stolz kontrolliert werden, dann scheint es sehr biblisch zu sein, zu sagen, dass er wirklich in die biblische Vorstellung von Buße hineinkommt.

***Deine Augen werden den König schauen in seiner Schönheit.***

Jesaja 33,17a

# KAPITEL 2

## Die beiden Könige und ihre Reiche

> *Der Übermut deines Herzens hat dich betrogen, [dich,] der in den Schlupfwinkeln der Felsen wohnt, in der Höhe seinen Sitz hat und in seinem Herzen spricht: Wer wird mich zur Erde hinabstürzen? Wenn du dein Nest auch hoch bautest wie der Adler und wenn es zwischen die Sterne gesetzt wäre: ich werde dich von dort hinabstürzen, spricht der HERR* (Obadja 1,3).

Hier spricht der Herr über Edom. Edom steht für ein fleischliches Herz, ein Herz, das entschlossen ist, nach Art des natürlichen Menschen zu handeln, bzw. ein Herz, das die Dinge auf seine Weise tun möchte, und nicht auf die Weise des Geistes Gottes – das ist das Herz von Edom, das Herz des Stolzes. Und der Herr sagt, dass dieses Herz des Stolzes ein Herz ist, das sagt: „Wer wird mich hinabstürzen? Ich wohne in der Felsspalte. Ich bin an einem hohen Ort, an einem sicheren Ort, an einem Ort der Geborgenheit." Das ist aber eine falsche Sicherheit und eine falsche Geborgenheit. Es ist das Herz des Stolzes, das Gott hasst.

Dieses Herz gründet sich auf Selbstvertrauen und auf die eigene Einschätzung, wozu man fähig ist. Dagegen sagte der Herr Jesus selbst: „Ich kann aus mir selbst heraus nichts tun." Das ist das niedrige Herz Christi. Aber das Herz des Stolzes sagt: „Ich fühle mich sicher; ich kann nicht fallen." So, wie Petrus sagte:

„Herr, auch wenn dich alle verleugnen, ich nicht. Ich werde sogar mit dir in den Tod gehen!" Petrus musste es auf die harte Weise, durch Demütigung, lernen, dass er aus sich selbst heraus nichts tun konnte.

Auch von Mose sagt die Schrift in Apostelgeschichte 7,22, dass er zuerst ein Mann war, der „mächtig in seinen Worten" war. Er hatte eine große Fähigkeit zu sprechen und war ein eloquenter Redner. Offensichtlich war das so, bevor er vierzig war. Denn mit achtzig stotterte er und konnte überhaupt nicht mehr klar sprechen. In Vers 25 heißt es, Mose habe gedacht, die Leute hätten gewusst, dass er derjenige war, den Gott benutzen würde, um sie zu befreien. Aber Mose sah sich selbst. Er sah seine eigene Fähigkeit, das Volk Gottes zu befreien. Dieser Vers könnte darauf hindeuten, dass der Hauptgrund, weshalb Mose einen Ägypter tötete, der war, dass er zu jener Zeit dachte, die Leute seien bereit, dass er sie befreite. Am Tag nach dem Mord sagte Mose: *Ihr Männer, ihr seid Brüder, warum tut ihr einander unrecht?,* und dachte, jetzt sei die Zeit gekommen, dass sich die Brüder zusammenschlössen und die Ägypter überwältigten. Im Gegenzug fragten sie ihn: *Wer hat dich als Obersten und Richter über uns eingesetzt?* Dann fürchtete er um sein Leben und floh in die Wüste! (vgl. Apg 7,26-29).

Es war zwar Gottes Absicht, Mose zu benutzen, aber Gott hatte die Absicht und das Ziel, Mose als Gefäß und nicht als die Quelle der Befreiung zu benutzen. *Denn aus ihm und durch ihn und zu ihm hin sind alle Dinge! Ihm sei die Herrlichkeit in Ewigkeit!* (Röm 11,36). Stolz sieht sich selbst an der Stelle Christi, als derjenige, der das Werk tut. Damit stiehlt er Gott die Ehre und schreibt sie sich selbst zu. Das kann niemals sein, und Gott lässt das nicht zu. Mose musste also lernen, dass es nicht durch Mose geschehen würde, sondern dass es stattdessen durch Gott geschehen würde, einfach in einem gewöhnlichen Gefäß mit dem Namen Mose. Und als er dann achtzig Jahre alt war, erschien Gott dem Mose und sagte: „Ich bin herabgekommen, Mose, um das Volk zu befreien. Durch dich, aber es wird nicht durch dich sein; es wird durch mich sein, in deinem Gefäß."

Aber Mose konnte das nicht sehen. Er war inzwischen so verzweifelt über sich, dass er nicht sehen konnte, dass Gott ihn noch irgendwie benutzen könnte. Genau darauf hatte Gott gewartet! Der Herr wusste, dass Mose jetzt bereit war, und jetzt konnte Gott alle Ehre bekommen (vgl. 1 Kor 1,26-29).

Ein weiteres Beispiel für diese Wahrheit, dass Gott das Schwache benutzt, um das Starke in Erstaunen zu versetzen, das Törichte, um die Weisen zu verblüffen, und jene, die nichts sind, um diejenigen, die etwas sind, zu entfernen, ist die Geschichte von Gideon. Gideon hatte 32 000 Soldaten zur Verfügung, um mehr als einer Million feindlicher Soldaten Widerstand zu leisten. Gott sagte: „O Gideon, das sind zu viele, viel zu viele." Schließlich brachte Gott Gideon dazu, seine Armee bis auf 300 Leute zu reduzieren – die Armee Gideons, 300 Krieger gegen eine unglaublich große Zahl. Aber der Sinn dahinter, den Gott Gideon klarmacht, ist: *Israel soll sich nicht gegen mich rühmen können* (Richter 7,b).

Um dies nun praktisch und verständlich zu machen: Gott sagte im Grunde, dass wir, wenn wir nur einen Soldaten auf dreißig oder vierzig Soldaten des Feindes haben und eine Schlacht gewinnen, uns selbst rühmen werden, statt Gott die Anerkennung, Ehre und Herrlichkeit zu geben, weil unser Herz (aufgrund des Giftes von Satan) so stolz ist. Welch eine Anklage an das Herz des Menschen!

Der Geist des Pharisäers ist das Herz des Stolzes. Was war in den Pharisäern, das im Herzen Christi eine solch harte Zurechtweisung hervorrief? Ein Pharisäer war äußerst moralisch. Wenn andere das Verhalten eines Pharisäers beobachteten, gab es äußerlich gesehen viel, nach dem sie sich sehnten. Sein Benehmen war über alle Kritik erhaben. Er stellte äußerlich eine Person dar, die Gott liebte und ihm dienen wollte. Er fastete, er betete und er hatte Hochachtung vor dem Gesetz Gottes. Was gab es also an einem Pharisäer, das Gott so hasste?

Ich glaube, dass es das Herz war, der unsichtbare, verborgene Mensch, den niemand sehen konnte außer Gott. Im Inneren eines Pharisäers, in seinem innersten Gedankenleben, war dieses Herz, das andere verachtete und auf sich selbst, auf die eigene Gerechtigkeit schaute. Er sah auf andere herab, die die moralischen und ethischen Standards der Pharisäer nicht erreichten. Es war dieses Herz, das andere richtete und mit den Bedürftigen und Verlorenen kein Mitgefühl und Erbarmen hatte.

Noch einmal, dieser Geist des Stolzes im Herzen eines Pharisäers war genau die gleiche Wurzel wie im Herz des Teufels aus der Zeit, als Böses in ihm gefunden wurde. Hesekiel 28 sagt, dass Satan vollkommen in seinen Wegen war; er war vollkommen in seiner Schönheit, bis Unrecht in ihm gefunden wurde. Was war dieses Unrecht? Es war ein Herz, das aufgrund einer hohen Meinung von sich selbst erhoben war; ein Herz, das erhoben war, weil es so viel Vollkommenheit erlangt hatte.

Das führt uns zu einem weiteren Prinzip: Böses scheint in der Vollkommenheit geboren zu werden. Wenn jemand in einem gewissen Bereich Erfolg hat, sei es zum Beispiel Musik, Religion, Sport oder Bildung, wird dieser Erfolg deshalb sofort zu einem Brutplatz für Stolz in seinem Herzen, da Böses in der Vollkommenheit geboren wurde. Je erfolgreicher ich bin, desto gefährlicher werde ich, und desto anfälliger werde ich dafür, diesem Monster mit dem Namen Stolz in die Falle zu gehen!

Die Grund dafür ist einfach der, dass man für jegliche Art von Erfolg von Gott vorbereitet sein muss; und wenn man nicht vorbereitet wurde, wie zum Beispiel König Saul, endet man normalerweise in Schande, Versagen und Demütigung. In der Bibel finden wir sehr viele Beispiele dafür. Ein Mensch kann mit Erfolg nicht umgehen, wenn Gott ihn nicht darauf vorbereitet hat, mit dem Erfolg umzugehen. Aus diesem Grund konnten die Gefäße, die Gott vorbereitete, wie zum Beispiel David, Paulus, Mose, Joseph und viele andere, mit dem Erfolg umgehen, als dieser kam. Gott hatte ein Werk getan, indem er ihre Herzen vorbereitete, und dadurch konnten sie erkennen, dass ihr eigentlicher Erfolg ihnen von Gott für sein Reich und für seine göttlichen Absichten gegeben war. Durch seine Gnade und sein Erbarmen waren sie so weit gekommen, dass sie mit Erfolg umgehen konnten.

Viele Leute sind noch nicht so weit, dass sie damit zurechtkommen, nicht berücksichtigt zu werden. Ich meine damit: Wenn eine Person es nicht aushalten kann, dass man sie übersieht, nicht berücksichtigt, ihr keine geistlichen Gaben und Salbung gegeben wurden oder dass sie von anderen nicht geschätzt wird, ohne verletzt oder in ihrem Herzen verwundet zu sein, wird sie nicht in der Lage sein, dass man sie berücksichtigt – denn das bedeutet, von vielen Leuten anerkannt, geschätzt und als ein Gefäß der Ehre gesehen zu werden (vgl. 2 Tim 2,20.21). Sie ist dann einfach noch nicht fähig, mit den Segnungen Gottes auf ihrem Leben richtig umzugehen.

Das Prinzip dabei ist klar. Wenn ich noch nicht ausgeschlossen werden kann, bin ich auch noch nicht bereit bzw. vorbereitet, berücksichtigt zu werden. Ich bin noch nicht fähig, den Status des Erfolgs zur Ehre Gottes zu tragen.

Im Buch Prediger wird uns gesagt, dass alles unter der Sonne eine gewisse Zeit hat. Alles hat seine Zeit. Johannes der Täufer sollte nicht vor den Leuten erscheinen, bevor die Zeit seines Erscheinens erfüllt war. Gott bereitete ihn in der Wüste vor, bis zu der bestimmten Zeit, als er vor den Leuten erscheinen sollte. Als Jesus bei der Hochzeit von seiner Mutter wegen des Weins angesprochen wurde, sagte er zu ihr: „Meine Zeit ist noch nicht gekommen." In den Psalmen steht, dass Joseph in Ketten gefangen war, bis die Zeit gekommen war, dass sich das Wort in seinem Leben erfüllen sollte. Der Engel Gabriel verkündigte Zacharias, dem Priester, dass das Wort des Herrn zu seiner Zeit erfüllt werde. Jesus verkündigte seinen eigenen Leuten betrübt, sie hätten die Zeit ihrer Heimsuchung nicht erkannt.

Wir leben heute in einer Zeit, nach deren Erfüllung sich der Himmel lange gesehnt hat – eine Zeit, in der ein Volk für die kommende Herrlichkeit vorbereitet wird. Ganz am Ende wird der Herr in der Fülle der Herrlichkeit Gottes kommen, und die ganze Erde wird mit der Erkenntnis von der Herrlichkeit Gottes erfüllt werden. Der Herr hat erklärt, dass er in den letzten Tagen die Hütte Davids wiederherstellen bzw. wieder aufbauen will. Er sagte nicht, er würde das Heiligtum Salomos wieder aufbauen; er sagte auch nicht, er würde das Zelt Moses wieder aufbauen; aber er sagte, er würde die Hütte Davids wieder aufrichten: *Nach diesem will ich zurückkehren und wieder aufbauen die Hütte Davids, die verfallen ist, und ihre Trümmer will ich wieder bauen und sie wieder aufrichten* (Apg 15,16).

Der Herr sagte, David sei ein Mann nach seinem Herzen, der seinen ganzen Willen tun werde. Im Herzen Davids gab es etwas, das dem Herrn sehr gefiel. Ich glaube, dass wir anhand einiger Bibelstellen besser erkennen können, was im Herzen Davids war. In Psalm 51 sagte David: *Siehe, du hast Lust an der Wahrheit im Innern, und im Verborgenen wirst du mir Weisheit kundtun* (Vers 8). Und danach sagte er in Vers 19: *Die Opfer Gottes sind ein zerbrochener Geist; ein zerbrochenes und zerschlagenes Herz wirst du, Gott, nicht verachten.*

David wusste, dass Gott sich nach einem zerbrochenen und zerschlagenen Herzen sehnte – mehr als nach allen Opfern der Menschen – einem Herzen, das niedrig war, einem Herzen, das die Gefahr des Stolzes erkannte, und einem Herzen, das seinen eigenen Gestank wahrnahm, wenn Stolz in ihm aufstieg. Deshalb sagte David, als er in Psalm 38,5 sein Herz erkannte: *Es stinken, es eitern meine Wunden wegen meiner Torheit.* Er sprach dabei nicht von körperlichen Wunden, sondern er bezog sich auf die Wunden und den Gestank seines Herzens, das einen solchen Stolz zugelassen hatte, dass er meinte, der Mann, der ein kleines Lamm gestohlen hatte, habe die Todesstrafe verdient. In Wirklichkeit war David der Mann, von dem der Prophet sprach, und der hatte nicht nur ein kleines Lamm genommen, sondern das Leben und die Ehefrau eines Mannes. An diesem Punkt erkannte David, wozu Stolz fähig war. David sagte, der Herr halte sich von den Stolzen fern und sei den Demütigen nahe.

David war ein Mann des Lobpreises. Er hatte wohl klar verstanden, dass er in seinem Leben sehr viel Erbarmen brauchte. Der Herr muss uns ständig daran erinnern, wie viel Erbarmen wir brauchen und wie wenig wir es je verdient haben. Aber unser Gott ist ein Gott des Erbarmens und des Mitgefühls. David war so transparent, dass er ein ganzes Lied über seine Sünden schrieb und es dann dem Chorleiter zeigte und sagte: „Hier, bring das den Leuten bei und singe es vor dem Volk." Wie viele von uns wären in der Lage, ein Lied über unsere Sünden zu schreiben, weil sich Gott nach Wahrheit in unserem Innersten sehnt, und es dann den Leuten beizubringen, um es zu singen? Anscheinend hatte David dieses wichtige Prinzip, sich zu demütigen und in der Wahrheit zu wandeln, verstanden.

Wir leben in einer Zeit, in der Gott ein Volk hat, das er darauf vorbereitet, Träger seiner Herrlichkeit zu sein. Diese Leute werden in ihrem Herzen nicht den Wunsch haben, die Herrlichkeit für sich zu beanspruchen oder zu berühren, sondern nur Gefäße des Erbarmens zu sein, die sie enthalten. Damit das geschehen kann, muss es ein Volk geben, das verstanden hat, was der Feind der Herrlichkeit Gottes ist, nämlich die Ehre des Menschen. Was ist meine Herrlichkeit? Offensichtlich ist meine Herrlichkeit das, wessen ich mich rühme. Satan rühmte sich seiner Vollkommenheit; er rühmte sich seiner Weisheit; und er rühmte sich seiner Schönheit. Anders ausgedrückt, ich freue mich an dem Teil meines Bildes, das mich gut dastehen lässt. Aus diesem Grund ist meine Herrlichkeit die Wurzel und die Substanz des Stolzes, der in meinem Herzen wirkt. *So spricht der HERR: Der Weise rühme sich nicht seiner Weisheit, und der Starke rühme sich nicht seiner Stärke, der Reiche rühme sich nicht seines Reichtums; sondern wer sich rühmt, rühme sich dessen: Einsicht zu haben und mich zu erkennen, dass ich der HERR bin, der Gnade, Recht und Gerechtigkeit übt auf der Erde; denn daran habe ich Gefallen, spricht der HERR* (Jer 9,23.24; vgl. 1 Kor 1,29-31).

David sagte: „Meine ganze Herrlichkeit soll dich preisen." Mit anderen Worten wollte David, dass alles, dessen er sich selbst hätte rühmen können, den Herrn pries, lobte und verehrte. Stolz will nicht, dass Gott verehrt bzw. verherrlicht wird. Er wünscht sich auf so viele geheimnisvolle und verborgene Weisen die Ehre, Anerkennung und Bestätigung anderer. Deshalb ist Stolz der einzige wirkliche Feind davon, dass Gott alle Ehre bekommt. In den Letzten Tagen wird die Erkenntnis von der Herrlichkeit des Herrn die Erde erfüllen, und er wird deshalb ein Volk haben, deren Herz darauf vorbereitet ist, nicht die Herrlichkeit anzurühren, die allein Gott gehört.

Die Sünde König Sauls schien so unbedeutend gegenüber dem Ehebruch und dem Mord von König David. Wie unterschiedlich ihre Herzen auf die Aufdeckung ihrer Rebellion durch die Propheten (Samuel bzw. Nathan) reagierten, zeigt die wirkliche Haltung ihres Herzens ihrem Gott gegenüber. Saul wollte, dass der Prophet ihn vor allen Leuten ehrte (vgl. 1 Sam 15,30).

David dagegen schrieb ganze Psalmen, um seiner aufrichtigen Buße Ausdruck zu verleihen, dass er seinen Gott betrübt hatte.

Wenn ich meinen Stolz als die Herzenshaltung in mir sehe, die sogar bereit wäre, Gott zu entthronen, Gott die Anerkennung und Ehre streitig zu machen und ihr eigenes Bild zu projizieren, um Lob, Anerkennung und Bestätigung zu bekommen, dann erkenne und verstehe ich klar, dass Stolz wirklich der einzige Hinderungsgrund dafür ist, dass die Erde mit der Erkenntnis der Herrlichkeit Gottes erfüllt wird. Dies liegt daran, dass zum jetzigen Zeitpunkt die Erde sehr stark mit der Erkenntnis der Herrlichkeit des Menschen erfüllt ist. Aber Gott sei dank, wird es nicht mehr lange dauern, bis die Anerkennung und die Erkenntnis der Herrlichkeit des Menschen durch die Ausgießung der Erkenntnis der Herrlichkeit des Herrn ausgelöscht wird! Amen! Der Tag des Herrn ist nahe!

Eine weiteres bemerkenswertes Beispiel dafür, wie ein Mensch durch Gott für den Erfolg vorbereitet werden muss, sind die Könige Salomo und David. Beide wünschten sich eine Sache vom Herrn. In einem Traum in der Nacht erschien der Herr dem Salomo und sagte: „Was wünschst du dir von mir?" Und Salomos sagte: „Gib mir nun Weisheit und Erkenntnis, damit ich vor diesem Volk aus- und eingehen kann, dein Volk zu richten" (vgl. 1 Kö 3,9; 2 Chr 1,10). Diese Bitte gefiel dem Herrn, aber damit ist die Geschichte noch nicht zu Ende. Zunächst einmal scheint Salomos Motiv, ein weises, verständnisvolles Herz zu haben, darin zu liegen, dass er vor dem Volk aus- und eingehen konnte. Gab es also etwa ein heimliches Motiv des Stolzes, das in seinem Herzen verborgen war und dessen er sich nicht bewusst war? Konnte er deshalb später, als er mehr Weisheit hatte, als einer anderen Person je erlaubt worden war, mit der Anerkennung, die ihm die ganze Welt entgegenbrachte, nicht umgehen? Offensichtlich konnte er es nicht, da er am Ende 700 Frauen und 300 Nebenfrauen hatte. Er wurde ein Götzendiener, betete falsche Götter an und war leider weit weg von Gott. Gott möchte uns gerne Erfolg geben. Er war mit der Bitte Salomos zufrieden, aber war es die beste Bitte? War es das, was er am meisten brauchte, oder war es das, was er am meisten wollte? Gott, der Herr, weiß genau, was wir brauchen. Wie leicht können wir doch den Erfolg, den Gott uns gibt, nehmen und uns selbst die Ehre geben, als habe der Herr damit überhaupt nichts zu tun.

Wie war es bei David, Salomos Vater? Psalm 27,4 sagt: *Eins habe ich vom HERRN erbeten, danach trachte ich: zu wohnen im Haus des HERRN alle Tage meines Lebens, um anzuschauen die Freundlichkeit des HERRN und nachzudenken in seinem Tempel.* Auch David wünsche sich eine Sache vom Herrn, aber es ging ihm nicht darum, seine Arbeit optimal auszuführen. Er wollte auch nicht in erster Linie ein verständiges Herz, um der beste König sein zu können. Er wollte die Schönheit des Herrn anschauen, damit er die Schönheit des Herrn besser erkennen konnte, damit er ein besserer Anbeter sein konnte, damit er die Freundlichkeit seines Herrn erkennen konnte. Aus dieser intimen Beziehung mit dem Herrn konnte David dann die Gesinnung und das Herz Gottes empfangen.

In der Gegenwart des Herrn ist sehr große Geborgenheit, da man dort Gemeinschaft, Vertrautheit, Niedrigkeit und Weisheit findet. David war häufig mit Krisen konfrontiert. Er löste diese, indem er in Anbetung, in die Gemeinschaft und in die Vertrautheit mit dem Herrn ging. Selbst wenn ein Feind gegen David vorrückte, ging er trotzdem in die Anbetung und stärkte sich im Herrn und befragte den Herrn (vgl. Ps 27,3-5). Er brauchte ständig die Gegenwart des Herrn, und es verlangte ihn danach. Mose sagte zum Herrn: „Wenn deine Gegenwart nicht mit uns geht, dann lass uns nicht weggehen." Das erinnert mich daran, dass der Herr Jesus selbst eines Tages zu einer Frau mit dem Namen Marta sagte: *Marta, Marta! Du bist besorgt und beunruhigt um viele Dinge; eins aber ist nötig. Maria aber hat das gute Teil erwählt* (Luk 10,41.42a).

In der heutigen Zeit muss uns der Herr von vielen Dingen zu genau einer Sache herunterbringen – seiner Gegenwart. Aus dieser Gegenwart, aus dieser Vertrautheit wird die gewaltige Frucht des Herrn durch unser Leben kommen. Offensichtlich kommt alle Fruchtbarkeit aus Intimität; das gilt sowohl im Natürlichen wie auch im Geistlichen.

Der Geist des Stolzes, diese Haltung der Selbsterhöhung, die mit Luzifer begann, wurde durch Kain weitergegeben, bahnte sich einen Weg durch das menschliche Herz durch alle Zeitalter bis hin zu den Israeliten, dem Turm von Babel, den Nordstämmen, den Südstämmen und immer weiter, bis zu den Pharisäern zur Zeit Jesu und zu den Pharisäern von heute. Dieses Wesen erfreut sich am Werk seiner eigenen Hände. Es ist von sich selbst eingenommen, sieht auf andere herab und trägt seit ewigen Zeiten immer wieder die Frucht der Erkenntnis von Gut und Böse. Paulus sagt: „Erkenntnis bläht auf." Diese Natur, die in Stolz gegründet ist, kam aus der Erkenntnis von Gut und Böse, statt aus dem Leben, das aus der Erkenntnis Gottes kam.

Schon ganz am Anfang der Zeit mit Adam und Eva aß der Mensch vom Baum der Erkenntnis von Gut und Böse. Das hatte ihm Gott verboten. Und von da an hat der Mensch etwas anderes aufgebaut, das man das falsche Selbst nennt, denn das echte Selbst starb an dem Tag, an dem es vom verbotenen Baum aß. Das falsche Selbst findet seine Identität in dem, was es hat und was es tut. Das wahre Selbst findet seine Identität in Gott allein und in dem, was es in ihm ist. *In ihm leben und weben und sind wir* (Apg 17,28). Das wahre Selbst findet also seine Identität, seine Erfüllung, nicht im Tun, sondern im Sein. Wenn eine Person einmal den Frieden und die Freude, auf rechte Weise mit Gott verbunden zu sein, hat, dann kann der Herr gnädig und spontan sein eigenes Leben der Liebe durch ihr Herz fließen lassen.

Das wahre Selbst sieht das Sich-Demütigen als ein Vorrecht und eine Offenbarung des Herzens seines Schöpfers an. Das wahre Selbst lebt immer, um dem Vater zu gefallen, aber das falsche Selbst lebt ständig, um anderen zu gefallen. Wenn jemand lebt, um anderen zu gefallen, überdeckt er damit normalerweise ein Herz, das von anderen akzeptiert werden möchte. Lebt jemand dagegen, um Gott zu gefallen, kommt normalerweise das Herz Jesu aus seinem Leben heraus, und er hat seine Anerkennung schon in Gott gefunden. Der pharisäische Geist zeigt seine wahre Natur und seinen wahren Charakter, wenn er gekränkt wird. *Großen Frieden haben die, die dein Gesetz lieben. Sie trifft kein Straucheln* (Ps 119,165). Der pharisäische Geist ist schnell gekränkt und hat keinen großen Frieden, denn tief im Innern lebt er, um Menschen zu gefallen. Wer in diesem Geist lebt, für den bedeutet sein Ruf mehr als sein Charakter.

Satan hat ein System religiöser Haltungen, Ideen und Strukturen aufgebaut, das dem, was Gott beabsichtigte, sehr nahe kommt. Es hat deshalb eine sehr große Macht, jene zu täuschen, die die Wahrheit suchen. Jesus sagte in Matthäus 7,22.23: *Viele werden an jenem Tage zu mir sagen: Herr, Herr! Haben wir nicht durch deinen Namen geweissagt und durch deinen Namen Dämonen ausgetrieben und durch deinen Namen viele Wunderwerke getan? Und dann werde ich ihnen bekennen: Ich habe euch niemals gekannt. Weicht von mir, ihr Übeltäter!* Wir sehen hier also, dass Jesus sagt, er habe sehr viele Leute nie gekannt, die dachten, sie würden den rechten Weg gehen und er (Jesus) würde sie kennen. Sprüche 14,12 sagt: *Da ist ein Weg, der einem Menschen gerade erscheint, aber zuletzt sind es Wege des Todes.*

Dieser Weg, der richtig zu sein scheint, ist dieses System der religiösen Anbetung, das Satan geschaffen hat. Er begann damit, indem er Adam und Eva erzählte, Gott sei ein Lügner, Gott meine nicht, was er sage, und Gott habe trügerische Absichten in seinem Herzen. Das ist im Prinzip alles, was er Adam und Eva ganz am Anfang sagte. Und in den folgenden Zeitaltern hat der Mensch das Wort Gottes in Bezug auf Anbetung und Religion nicht empfangen, sondern häufig handelt es sich wieder einmal um die Worte Satans in einer Sprache oder einem Stil, die zeitgemäßer sind. Im Grunde genommen gibt das religiöse System einem einen schönen Leuchter, in dem aber kein Licht ist. Es erzeugt eine gewisse Umgebung, ein Gefühl, ein Empfinden, richtig zu sein, aber es ist alles völlig falsch.

Der Herr sagte zu den vielen, vielen Leuten, die in diesem System gefangen waren: „Ihr ehrt mich mit euren Worten und eure Lippen reden von Anbetung, aber euer Herz ist weit entfernt von mir" (vgl. Jes 85,2; Mt 15,8). Noch einmal, dies ist schon sehr viele Jahre so und ist auch in der heutigen Zeit immer noch sehr, sehr stark vorhanden. Dieses religiöse System vermittelt einer unwissenden Person das Gefühl, richtig zu sein, aber ich frage Sie: Reicht es aus, wenn sich jemand wie ein Christ fühlt, um diesem das Recht zu geben, sich Christ zu nennen? Wenn ich mich richtig fühle, bedeutet das, dass ich auch richtig liege? Ich kann in einen religiösen Gottesdienst gehen, sogar einen christlichen Gottesdienst, und ich kann herausgehen und mich richtig fühlen. Aber heißt das, dass ich wirklich richtig bin?

Der Feind hat das Denken der Leute so sehr verwirrt, dass sie vor dem Übernatürlichen Angst haben und lernen, das Dämonische zu akzeptieren. Am Beispiel des dämonisierten Gadareners (vgl. Mk 5,1-20) in der Bibel sehen wir, dass dieser sich selbst riss und schnitt und schreiend umherlief. Er war missbraucht, verletzt und voller Angst und dämonischer Geister. Offensichtlich hatte man die Leute gelehrt, dies als normal zu akzeptieren. Sie sagten: „Ach ja, da ist der Soundso wieder und verhält sich wie immer." Aber als Jesus zu diesem Dämonisierten kam, setzte er ihn frei. Er befreite ihn vollständig. Dieser Mann war dann völlig normal, er war ganz bei Sinnen – ein völlig verwandelter Mann; doch die Bibel sagt, dass die Leute aus dieser Gegend verängstigt waren, als sie sahen, was passiert war!

Wie oft waren Leute schon erschrocken über das Wirken Gottes oder die Realität seiner Gegenwart an einem bestimmten Ort? Wie oft hat man ihnen beigebracht, dämonische, religiöse Geister zu akzeptieren, als seien diese normal? Als Jesus Christus in die Synagoge ging, schrien die Dämonen. Was geschieht, wenn wir in die Kirchen gehen? Sind alle Dämonen verschwunden? Haben sie gelernt, uns zu akzeptieren? Mögen sie uns? Was tut der Geist Christi dem dämonischen Reich der Hölle an, wenn er an einem Ort erscheint?

Um diesen Gedanken noch etwas genauer zu illustrieren: Stellen Sie sich vor, dass eine Person an einen Ort geht, der als kirchliches Gebäude bekannt ist. Dieses Gebäude hat ein Kreuz und es steht ein christlicher Name daran. Die Person geht in dieses Gebäude in der Erwartung, Gott zu finden. Ich stelle mir vor, dass sie mit der Erwartung hineingeht, eine Beziehung zum lebendigen Gott und Antworten auf ihre Fragen zu finden, wie zum Beispiel: „Warum lebe ich hier auf der Erde? Was ist der Sinn meines Lebens? Wie kann ich meine Probleme lösen? Kümmert sich Gott wirklich um mich?"

Diese Leute suchen ernsthaft nach Gott, sie sind auf der Suche nach Antworten, Offenbarung und Wahrheit. Sie gehen in ein Kirchengebäude, aber was finden sie dort? Wem begegnen sie? Ich glaube, dass das religiöse System von heute nicht verlangt, dass jemand in der Wahrheit wandelt. Johannes sagte: „Ich habe keine größere Freude, als zu hören, dass meine Kinder in der Wahrheit wandeln." Doch das religiöse System sagt stattdessen: „Glaube einfach nur die Wahrheit; das reicht." Das religiöse System von heute verlangt nicht, dass wir voreinander verantwortlich leben – dass wir aus Ehrfurcht vor Christus uns einander unterordnen –, sondern es sagt: „Alles, was ihr braucht, ist, dass ihr sagt, dass ihr einander liebt. Ihr müsst es nicht beweisen; ihr müsst kein lebendiges Vorbild für ein Leben, das niedergelegt wurde, sein. Sagt am Sonntagmorgen einfach nur, dass ihr einander liebt."

Das religiöse System von heute gibt dem Suchenden Wissen über Gott, statt ihn in eine lebendige Erfahrung der Gegenwart Gottes hineinzubringen. Das religiöse System konzentriert sich auf Äußerlichkeiten, auf die äußere Erscheinung. Es spricht über die Wahrheit, lässt aber eine Person innerlich hart, unberührt, ohne Gefühl und unverändert. Wenn aber der Geist Christi in das Leben einer Person hineinkommt, führt er sie in die Wahrheit. Er bringt sie auf den Weg, er bringt sie ins Leben, und sie erlebt die lebendige, pulsierende Realität von Gott selbst. Jesus sagt in Johannes 17,3: *Dies aber ist das ewige Leben, dass sie dich, den allein wahren Gott, und den du gesandt hast, Jesus Christus, erkennen.* Gott zu erkennen, die Offenbarung, wer Gott ist, ist das Wesentliche des ewigen Lebens.

Das religiöse System produziert Wissen über Gott, hat aber nicht die Erkenntnis Gottes. Das religiöse System reflektiert das Bild des Selbst, das Bild bestimmter Persönlichkeiten, das Bild Satans – und das ist Stolz. Es kommt vielleicht mit einem lächelnden Gesicht und vielen sonstigen Äußerlichkeiten daher, aber von innen her wird das Selbst projiziert, und das hasst Gott. Das heißt nicht, dass jemand automatisch falsch liegt, wenn er in diesem System gefangen ist. Das möchte ich damit überhaupt nicht sagen, aber ich glaube, dass sich der Herr in Offenbarung 18,4.5a darauf bezieht, wenn er sagt: *Geht aus ihr hinaus, mein Volk, damit ihr nicht an ihren Sünden teilhabt und damit ihr nicht von ihren Plagen empfangt. Denn ihre Sünden sind aufgehäuft bis zum Himmel.*

Ich glaube, dass nach Jesaja 14 und nach Offenbarung 18 Luzifer der König von Babylon ist und dass Babylon die Hurenkirche ist. Sie ist das Volk, das vorgibt, Gott zu lieben, aber gleichzeitig in den Gott dieser Welt verliebt ist und ebenso in den Gott, den er über diese Welt benutzt, also Mammon. Aber in dieser Stunde ist der Herr Jesus durch seinen Heiligen Geist auf der Suche nach einer Braut, einer Braut für Christus, und diese wird bereit sein. Wenn Sie erkennen, dass Sie in einem religiösen System festsitzen, bitte ich Sie im Namen Jesu Christi: „Kommen Sie heraus und haben Sie nichts damit zu tun", und gehen Sie hinaus, um ihn zu treffen, denn das Mahl, das Hochzeitsfest, wird jetzt für die Hochzeit des Lammes und seiner Braut bereitet.

Unser Herr Jesus sagt: *Ihr seid es, die sich selbst rechtfertigen vor den Menschen, Gott aber kennt eure Herzen; denn was unter den Menschen hoch ist, ist ein Gräuel vor Gott* (Luk 16,15). Das religiöse System, das errichtet wurde, um eine intime Beziehung mit dem Schöpfer zu ersetzen, beeinflusst den Sinn eines Menschen, dem nachzujagen, was in den Augen der Menschen hoch angesehen ist, und das zu ignorieren, was in Gottes Augen wichtig ist. Der Geist Gottes dagegen führt einen Menschen immer so, dass er mit seinem Leben Gott gefallen und für Gott leben will, und dass er, wie David, den Herrn ständig vor Augen hat (vgl. Ps 16,8). *Deshalb setzen wir auch unsere Ehre darein, ... ihm wohlgefällig zu sein* (2 Kor 5,9).

Stolz bringt einen Menschen dazu, den Anschein zu erwecken, Gott zu gefallen; er vermeidet, dass der Geist die Wahrheit über sein Herz ans Licht bringt, ob er wirklich Gott gefällt oder nicht. Das religiöse System hat schon immer vom Baum der Erkenntnis von Gut und Böse gegessen. Es besteht deshalb aus bestimmten Vorschriften und Regeln, was gut und was böse ist, die auf diesen Baum gegründet sind, aber im Herzen einer Person, die wiedergeboren wurde, ruft der Geist Gottes: „Abba, Papa, Vater!" Schon zu Beginn einer neuen Geburt hat ein Mensch also den Geist in sich, der ruft: „Papa! Ich möchte meinen Papa kennen!" Das System, das von Satan geschaffen wurde, um die Realität einer Beziehung zu ersetzen, hat immer noch die anklagende Stimme der Schlange in sich, und deshalb ist Verdammnis ein wesentlicher Teil dieses Systems. Der Ankläger erhebt Anklage gegen eine Person vor Gott, er klagt sie gegenüber ihr selbst an oder gegenüber anderen. Es spielt keine Rolle, an wen die Anklage gerichtet ist, solange sie empfangen wird.

Wenn jemand im religiösen System gefangen ist, ist er normalerweise durch tiefe innere Gedanken der Anklage vom Feind gebunden. Er versucht, diese quälenden Gedanken dadurch loszuwerden, dass er etwas Gutes tut. Da man von einer Anklage allerdings nur dadurch frei wird, dass man sich dem Herrn, der die Wahrheit ist, unterordnet und dem Teufels widersteht, findet sich eine solche Person in einem nie endenden Teufelskreis der Frustration wieder. Auf der anderen Seite hat der Herr all denen seinen Frieden versprochen, die in der Liebe wandeln und sich vom Geist Gottes in alle Wahrheit führen lassen. Ich hoffe, dass Sie, teurer Leser, den vollkommenen Frieden und die vollkommene Ruhe Gottes in Ihrem Herzen finden, um für Gott zu leben und sich für immer zu entschließen, das frustrierende Leben, Menschen gefallen zu wollen, zu beenden.

***Deine Augen werden den König schauen in seiner Schönheit.***

Jes 33,17a

# KAPITEL 3

## Gottes Absicht mit der Schöpfung

*Und Gott sprach: Lasst uns Menschen machen in unserm Bild, uns ähnlich! Sie sollen herrschen über die Fische des Meeres und über die Vögel des Himmels und über das Vieh und über die ganze Erde und über alle kriechenden Tiere, die auf der Erde kriechen!* (1 Mo 1,26).

Schon bei der Schöpfung des Menschen sehen wir, dass Gott der Herr sich nach Beziehung sehnte. Er sagte zu Adam: „Wo bist du?" Wir lesen, dass Gott den Menschen schuf, um ihm die Autorität zu geben, als Gottes Repräsentant über die Erde und auf der Erde zu regieren, und um sich auf der Erde zu vermehren. Das, was der Herr vermehren möchte, scheint sein eigenes Bild zu sein – nicht nur einen physischen Körper, die Gegenwart im Körper, sondern wirklich das Bild Gottes. Er sagte: „Lasst uns Menschen machen in unserm Bild. Sie sollen herrschen und sich vermehren." Der Hauptaspekt der Vermehrung war wohl, dass das Bild Gottes auf der Erde zunimmt. Als Gott den Menschen auf der Erde schuf, brachte er ihn in einen Garten. Der Mensch sollte vom Baum des Lebens essen, doch stattdessen entschied er sich, vom Baum der Erkenntnis von Gut und Böse zu essen, wodurch der Tod hereinkam. Die ursprüngliche Absicht des Bildes des Menschen wurde dadurch verunstaltet. Jetzt wurde ein falsches Selbst gebildet, und der Mensch fing an, aus seinem falschen Selbst zu leben, statt aus seinem echten Selbst. Das falsche Selbst versucht seine Identität, seine Bestimmung und Bedeutung immer aus dem zu ziehen, was es hat oder tut. Dagegen findet das wahre Selbst seine Bestimmung und Identität in dem, was es ist. Es findet seinen Sinn in der Gegenwart Gottes und muss seine Bestimmung nicht außerhalb der Realität, was es in Gott ist, finden.

Oft wird übersehen, dass unser Schöpfer uns zur Intimität und zur Freundschaft geschaffen hat. Er schuf unsere Herzen so, dass sie Liebe weitergeben; und es war Gottes Absicht, dass dieses Herz, das Liebe weitergibt, auf ihn, der die Liebe ist, ausgerichtet ist. Nur wenn man Bedeutung und Bestimmung darin findet, seinen Schöpfer von ganzem Herzen zu lieben, kann man die völlige Freude und Befriedigung erleben, die Gott für einen im Leben beabsichtigt hat. Die eine Sache, die Satan schon ganz von Anfang an raubte, war wohl die Fähigkeit des Herzens, sich vorzustellen, wie wunderbar und Ehrfurcht gebietend Gott in Wirklichkeit ist.

*Und der HERR sah, dass die Bosheit des Menschen auf der Erde groß war und alles Sinnen der Gedanken seines Herzens nur böse den ganzen Tag* (1 Mo 6,5). Gott wollte, dass die Vorstellungskraft meines Herzens seiner schöpferischen Fähigkeit zur Verfügung steht; stattdessen wurde sie dem Bösen übergeben. Häufig drehen sich unsere Gedanken um irgendeine Ablehnung, eine Verletzung oder ein Wort, um etwas, was uns andere angetan bzw. zu uns gesagt haben. Wir sind mit der Haltung, der Tat oder dem Wort beschäftigt, mit dem, was bei uns ein Gefühl des Schmerzes hinterließ. Vielleicht hat jemand, den wir lieben, uns ignoriert, uns vergessen oder etwas Negatives über uns gesagt. Je mehr man eine andere Person liebt, desto mehr Schaden kann diese einem zufügen. Sagt jemand, den wir gar nicht kennen, etwas Gemeines zu uns, dann hat das für uns normalerweise keine großen Auswirkungen; handelt es sich allerdings um jemand, der uns sehr nahe steht, dann kann es für unser Gefühlsleben sehr zerstörerisch sein.

Wie ist das dann bei jemand, der uns mit einer unerschöpflichen, unauslöschlichen und leidenschaftlichen Liebe liebt? Wie sehr kann dieser den Schmerz des Verlassenwerdens und der

Einsamkeit fühlen, wenn man ihn nachlässig und schlecht behandelt? Vielleicht denken Sie: „Na ja, ich glaube nicht, dass der allmächtige Gott den Schmerz einer verletzten Liebe überhaupt fühlen kann!" So habe ich selbst gedacht, bis ich eines Tages auf das Wort aus 1. Mose 6,5.6 stieß: *Und der HERR sah, dass die Bosheit des Menschen auf der Erde groß war und alles Sinnen der Gedanken seines Herzens nur böse den ganzen Tag. Und es reute den HERRN, dass er den Menschen auf der Erde gemacht hatte, und es bekümmerte ihn in sein Herz hinein.*

Die Menschen haben Gottes Herz sehr tief verletzt. Ich dachte: „Ist das wahr? Kann ich Gott wirklich so tief verletzen, dass er sogar bereut, mich geschaffen zu haben?" Auch heute noch kommen mir die Tränen, wenn ich daran denke, wie viel Macht mir Gott gegeben hat, ihn zu verletzen, und das nur deshalb, weil er mich so sehr liebt! Falls das für Sie ein neuer Gedanke ist, möchte ich hier einige weitere Bibelstellen anführen, um noch besser zu zeigen, dass wir Gottes Herz der totalen Liebe sehr tief verletzen können:

> *Als Israel jung war, gewann ich es lieb, und aus Ägypten habe ich meinen Sohn gerufen. Sooft ich sie rief, gingen sie von meinem Angesicht weg. Den Baalim opferten sie, und den Gottesbildern brachten sie Rauchopfer dar. Und ich, ich lehrte Ephraim laufen – ich nahm sie [immer wieder] auf meine Arme –, aber sie erkannten nicht, dass ich sie heilte. Mit menschlichen Tauen zog ich sie, mit Seilen der Liebe, und ich war ihnen wie solche, die das Joch auf ihren Kinnbacken anheben, und sanft zu ihm gab ich [ihm] zu essen. Es wird nicht ins Land Ägypten zurückkehren. Aber Assur, der wird sein König sein, denn sie weigern sich umzukehren. Und das Schwert wird kreisen in seinen Städten und seinen Schwätzern ein Ende machen, und [es] wird fressen wegen ihrer Ratschläge. Aber mein Volk bleibt verstrickt in die Abkehr von mir. Und ruft man es nach oben, bringt man es [doch] insgesamt nicht dazu, sich zu erheben. Wie sollte ich dich preisgeben, Ephraim, [wie] sollte ich dich ausliefern, Israel? Wie könnte ich dich preisgeben wie Adma, dich Zebojim gleichmachen? Mein Herz kehrt*

*sich in mir um, ganz und gar erregt ist all mein Mitleid. Nicht ausführen will ich die Glut meines Zornes, will nicht noch einmal Ephraim vernichten. Denn Gott bin ich und nicht ein Mensch, in deiner Mitte der Heilige: ich will nicht in Zornglut kommen. – Hinter dem HERRN werden sie herziehen: wie ein Löwe wird er brüllen, ja, er wird brüllen, und zitternd werden die Söhne herbeikommen vom Meer. Sie werden zitternd herbeikommen aus Ägypten wie ein Vogel und wie eine Taube aus dem Land Assur. Und ich werde sie in ihren Häusern wohnen lassen, spricht der HERR. Mit Lüge hat Ephraim mich umringt, mit Betrug das Haus Israel. Und Juda ist immer noch schwankend gegenüber Gott und gegenüber dem Heiligen, der treu ist* (Hosea 11,1-12,2).

*Vergisst etwa eine Jungfrau ihren Schmuck, eine Braut ihren Gürtel? Aber mein Volk hat mich vergessen seit unzähligen Tagen* (Jer 2,32).

*So spricht der HERR: Was haben eure Väter Unrechtes an mir gefunden, dass sie sich von mir entfernt haben und dem Nichts nachgelaufen und [selber] zu Nichts geworden sind?* (Jer 2,5).

*Dann werden eure Entkommenen unter den Nationen, wohin sie gefangen weggeführt wurden, sich an mich erinnern, der ich ihr hurerisches Herz zerbrochen habe, das von mir abgewichen ist, und ihre Augen, die ihren Götzen nachhurten. Und sie werden über sich selbst Ekel empfinden wegen der bösen Taten, die sie begangen haben nach allen ihren Gräueln* (Hes 6,9).

*Der HERR aber sprach zu Samuel: Höre auf die Stimme des Volkes in allem, was sie dir sagen! Denn nicht dich haben sie verworfen, sondern mich haben sie verworfen, dass ich nicht König über sie sein soll. Entsprechend all den Taten, die sie [immer] getan haben von dem Tage an, da ich sie aus Ägypten geführt habe bis zum heutigen Tag, dass sie mich verlassen und andern Göttern gedient haben, so machen sie es auch mit dir* (1 Sam 8,7.8).

Einer der Namen Gottes ist „der Eifersüchtige". Gottgemäße Eifersucht bedeutet, dass ich eifersüchtig auf etwas oder jemand bin, das bzw. der **mir** vollständig, ganz und völlig gehört. Eine nicht gottgemäße Eifersucht ist, wenn ich etwas oder jemand haben will, das bzw. der mir nicht gehört.

Aus der Sicht von Gottes zartem Herz der Liebe für seine Kinder wundert es nicht, dass Paulus in Epheser 4,30 sagte: *Betrübt nicht den Heiligen Geist Gottes.* Der Herr war betrübt, wenn sein Volk seine Wege nicht kannte. Viele Leute wollen, dass andere sehen, was sie tun, hinterfragen aber nicht, weshalb sie das tun, was sie tun, und interessieren sich auch nicht groß dafür, was die anderen denken. Es gibt fast so etwas wie eine heimliche Dimension in den Menschen, die man nicht verstehen will. David sagte, dass Gott sich in den innersten Bereichen Wahrheit wünscht. Kann es sein, dass Geheimnisse Teil eines trügerischen Herzens sind? Stolz möchte sich verbergen, aber Demut hat nichts zu verbergen, weil sie erkennt, dass dem einen, der wirklich zählt, alles schon enthüllt ist.

Der Herr war wirklich darüber betrübt, dass sein Volk nur seine Taten sah. Er wollte, dass alle, nicht nur Mose, seine Wege kannten. Die Menschheit wurde zu seiner Freude geschaffen, aber auch der Mensch findet in seiner Gegenwart ewiges Glück und die Fülle der Freude, wie es David erlebte. Gott der Herr ist so aufregend, einzigartig und weise, dass es so ist, wie es jemand schon vor Jahren ausdrückte: „Das christliche Leben ist dazu gedacht, voller Nervenkitzel, Romantik und Abenteuer zu sein." Der Herr sagt zu seinen Leuten: „Lasst zu, dass ich **mich** nach euch ausstrecke und euch zu **mir** ziehe und euch offenbare, wie Ehrfurcht gebietend ich wirklich bin!" Der Mensch wurde dazu geschaffen, seinen Schöpfer zu kennen und ihn dann der Welt zu offenbaren!

***Deine Augen werden den König schauen in seiner Schönheit.***

Jesaja 33,17a

# KAPITEL 4

## Die Erde wird ihrem wahren König zurückgegeben

In diesem Kapitel geht es darum, dass der Herr die Herrschaft über die Erde wieder übernimmt, die der Mensch Satan gegeben hat. Als der Mensch sein Recht zu herrschen Satan übergab, wurde er für den Einfluss des Reiches der Finsternis und für das Wesen des Bösen anfällig. Die menschliche Natur trägt in sich eine Wurzel, die mit der Wurzel der satanischen Natur identisch ist, und diese Wurzel ist Stolz. Das macht es den Menschen leicht, ihre Herzen für dämonische Einflüsse zu öffnen, denn jeder Same bringt Frucht nach seiner eigenen Art. Als der Same der Natur Satans in das Herz des Menschen gelegt wurde, begann er in jeder nachfolgenden Generation nach seiner eigenen Art Frucht zu bringen. Gottes Wunsch ist, sein Bild auf der Erde zu vermehren. Auch Satan hat den Wunsch, sein böses Bild auf der Erde zu vermehren.

Einer der hauptsächlichen Methoden, durch die Satan sein Bild vermehrt, ist durch die Zunge einer Person. Jakobus 3 sagt: „Die Zunge ist ein Feuer, und sie wird durch die Hölle entzündet, und sie ist eine Welt der Bosheit." Alles Böse der Menschheit wird durch jemand hervorgebracht, der durch die Macht der Zunge Tod ausspricht bzw. durch jemand, der aus dem Mund eines anderen Tod in seinem Herz oder in seiner Seele empfängt. Jakobus beschreibt dies so, dass das Rad der Natur in Bewegung gesetzt wird, das heißt, die von Adam kommende fleischliche Natur des Menschen wird durch das, was jemand sagt, entzündet. Wie mächtig ist doch die Zunge! Sie hat unter anderem die Macht, Leben und Tod freizusetzen. Wenn Eltern in ihrem Fleisch etwas in das Leben ihres Kindes hineinsprechen, dann kann dadurch etwas im Herzen dieses Kindes entzündet werden, was Gott niemals wollte. Dieses Kind kann dadurch auf den natürlichen Weg geraten, den Begierden des Fleisches und nicht dem Geist Gottes zu folgen. Wenn dagegen jemand mit seiner Zunge Leben in eine andere Person hineinspricht, kann dies die Wünsche des Reiches Gottes im Leben dieser anderen Person entfachen.

Das Herz eines Menschen kann das ungöttliche Feuer dessen, was jemand anderes sagt, empfangen, und sein Sinn kann mit Bildern gefüllt werden, die voller Stolz, Bitterkeit, Groll, Angst oder Unglauben sind. Dies ist eine der Hauptmethoden, wie das Reich der Finsternis in den Herzen der Menschen regiert. Aus der Fülle des Herzens spricht der Mund; aus diesem Grund kann dieser Prozess der dämonischen Zerstörung in einer Familie von Generation zu Generation immer weitergehen, bis sich jemand entscheidet, das *Verödete* vieler vergangener Generationen *wieder aufzurichten* (vgl. Jes 61,4; 58,12). Wir können uns dafür entscheiden, mit dem Geist Christi erfüllt zu sein, und dann wird er das Land (uns) zurückgewinnen und wieder in Besitz nehmen und seine königliche Herrschaft und Autorität manifestieren! Wir haben das Vorrecht, in diese höhere Sphäre himmlischer Gedanken und Sprache einzutreten, denn unser Gott hat leidenschaftlich verkündet: *Denn [so viel] der Himmel höher ist als die Erde, so sind meine Wege höher als eure Wege und meine Gedanken als eure Gedanken* (vgl. Jes 55,9).

Satans Wesen des Stolzes ist die Wurzel der menschlichen Natur. Als Johannes der Täufer Christus sah, sagte er, jetzt sei die Axt an die Wurzeln der Bäume gelegt. Deshalb kann nun die Frucht, die aus unserem Leben kommt, aus dem demütigen Herzen unseres Retters fließen, der in uns lebt. Wir müssen nicht länger aus der Wurzel des Stolzes heraus sprechen. **Das Kreuz ist der Todesstoß für die von Adam kommende dämonische Natur des Stolzes!** Als Kind riss ich gerne Löwenzahn aus; wenn ich allerdings nicht die Wurzel dieses Unkrauts erwischte, konnte ich sicher sein, dass im nächsten Jahr jedermann die Frucht von hunderten von Löwenzähnen sehen konnte. Die Wurzel der menschlichen Natur, der Stolz, gibt einem eine selbsterhöhte Sicht der eigenen Bestimmung und Bedeutung im Leben; das Kreuz dagegen legt in das Herz eines Menschen den Wunsch, dass andere erhöht werden und, um des Reiches Gottes willen, das Selbst zu verleugnen.

Vor dem Sündenfall war das Herz des Menschen der Schöpfung zugewandt und die Liebe des Schöpfers strömte in ihn hinein und durch ihn zu der ganzen Schöpfung hin. Nach dem Sündenfall kehrte sich die Liebe des Menschen völlig nach innen und wurde introvertiert. Deshalb braucht der Mensch heute eine Bekehrung, damit Gottes Liebe wieder durch ihn zu anderen fließen kann. Zum Zeitpunkt dieser Bekehrung wird eine neue Natur in das Herz eines Menschen hineingelegt, und diese Natur ist voller selbstloser Liebe und echter Heiligkeit. Die Bibel bezeichnet dieses neue Leben und dieses neue Wesen als einen neuen Menschen, der in Gerechtigkeit und echter Heiligkeit geschaffen ist (vgl. Eph 4,24).

Das Wesen des Stolzes, das so stark im Menschen vorhanden ist, wird von Gott sehr gehasst, denn es ist allem, was in seinem eigenen Herzen ist, direkt entgegengesetzt.

> *Das Haus der Hochmütigen reißt der HERR nieder, aber er legt fest die Grenze der Witwe* (Spr 15,25).
>
> *Ein Gräuel für den HERRN ist jeder Hochmütige. Die Hand darauf! Er bleibt nicht ungestraft (Spr 16,5).*

In den Sprüchen wird ebenfalls ausgesagt, dass Streit und Zwietracht ihre Ursache immer im stolzen Herzen eines Menschen haben. Mit anderen Worten, wenn man den Stolz beseitigt, wird es keinen Streit und keine Zwietracht mehr geben. Alle Gemeindespaltungen, Scheidungen, Morde, Feindseligkeiten usw. kommen durch den Geist des Stolzes. Die Wurzel aller Bosheit, allen Übels und aller Sünden findet sich in einem Herzen, das sich erhoben hat, und das nennt die Bibel Stolz.

In Sprüche 16,18.19 sagte Herr ebenso: *Vor dem Verderben [kommt] Stolz, und Hochmut vor dem Fall. Besser, bescheiden sein mit Demütigen, als Beute teilen mit Hochmütigen.* Auch hier sagt der Herr ganz klar, dass es nur eine Frage der Zeit ist, bis jemand, der offenkundig im Stolz lebt, zerstört wird. Stolz geht der Zerstörung voraus, und Hochmut kommt vor dem Fall. Wenn ich zulasse, dass sich mein Geist erhebt und mein Herz im Stolz wandelt, werde ich fallen. Der Sündenfall der Menschheit bedeutete in Wirklichkeit, dass der Mensch sich in seinem Herzen erhob. Ein ausgezeichnetes Beispiel dafür ist Nebukadnezar. König Nebukadnezar wurde durch Daniel von Gott gewarnt, er solle umkehren und sich demütigen. Der Herr gab ihm genau ein Jahr, um das zu tun. Ein Jahr nach der von Gott gesetzten Zeit, Buße zu tun, kam die Anordnung von den Heiligen bzw. Wächtern, dass König Nebukadnezar verurteilt und gerichtet war, weil er sich in seiner Gesinnung erhoben hatte. Sieben Jahre lang lief er dann als Geisteskranker umher und lebte in den Wäldern; sein Herz war in das eines Tieres verwandelt. Es war, als wollte der Herr zu König Nebukadnezar sagen: „Wenn du im Stolz wandeln willst, dann hast du es verdient, wie ein Tier behandelt zu werden und nicht mit der Würde eines Menschen geehrt zu werden."

Stolz erlebt man in seiner abscheulichsten Stärke, sobald ein anderer ihn verletzt. Solange Stolz durch die Worte oder das Verhalten anderer nicht verletzt wird, kann er den Anschein von Freundlichkeit, Liebe, Respekt und sogar Bewunderung haben; sobald er aber mit dem Schmerz konfrontiert wird, abgelehnt, entlarvt und gedemütigt zu werden, offenbart er seine wahre Identität. Wurde der Stolz einmal durch eine andere Person verletzt, wird er diese auf vielfältige Weise verletzen, wie zum Beispiel durch eine unerträgliche Stille, eine unausstehliche Lautstärke oder Worte, die diese Person in ihrem Innersten durchschneiden und durchdringen.

Eine andere Weise, wie Stolz auf die Person, die ihn zu verletzen wagt, reagiert, ist die langfristige totale Entschlossenheit, ihr niemals zu vergeben bzw. ein tiefer Groll gegenüber allem, was sie diesbezüglich sagen oder tun will. Selbst wenn sie versucht, sich zu entschuldigen oder ihr Fehlverhalten in Ordnung zu bringen, wird er sich weigern, ihr zu vergeben.

Weitere Reaktionen auf verletzten Stolz sind, sich in Ehebruch, Sünde, Wut oder sogar Mord zu stürzen. Alle diese Reaktionen kommen aus dem Herzen des verwundeten Stolzes. Rebellion kommt aus einem verletzten Stolz und ebenso Selbstmord! Es kann verheerende Folgen haben, wenn eine Person zugelassen hat, dass ihr Stolz regiert, statt dass sie ihr Herz demütigt, und es kann buchstäblich welterschütternd sein!

Wir dürfen die Kraft des verletzten Stolzes in einem Herzen niemals unterschätzen! Stolz kann akzeptabel, nett und sogar fromm erscheinen, bis seine Gefühle verletzt werden. Dann kommen die echten Farben dieses gottlosen Monsters heraus! Kein Wunder, dass der souveräne Herr einen solchen Hass auf den Stolz hat! Hinter jedem Mord, jeder Scheidung, allen Formen der Rebellion und jedem bösen Wort steckt der Stolz eines Menschen! In Hebräer 12,15 lesen wir, dass viele durch eine *Wurzel der Bitterkeit* des Stolzes einer Person verunreinigt werden.

Zu erkennen, welche Macht Demut hat, ist sogar eine noch größere Offenbarung als die über die unglaubliche Macht des Stolzes. Was Stolz schaffen kann, kann Demut verhindern; was Stolz zerstören kann, kann Demut heilen; was Stolz verhindern kann, kann Demut unterstützen. Wenn jemand sein Herz vor einem anderen, der stolz ist, demütigt, hat dies eine entwaffnende Wirkung. Jesus sagte, wenn ein Stärkerer in das Haus eines starken Mannes kommt, *so nimmt er seine ganze Waffenrüstung weg, auf die er vertraute, und seine Beute verteilt er* (vgl. Luk 11,21.23). Demut hat die Macht Gottes hinter sich, denjenigen zu entwaffnen, der sich bewaffnet hat, andere mit seinem Hass zu töten!

So eindrucksvoll Stolz zerstören und Leben ruinieren kann, noch viel erstaunlicher ist die unglaubliche Macht der Demut, zu heilen und Leben zu verändern! *[Wenn] mein Volk, über dem mein Name ausgerufen ist, sich demütigt, und sie beten und suchen mein Angesicht und kehren um von ihren bösen Wegen, dann werde ich vom Himmel her hören und ihre Sünden vergeben und ihr Land heilen* (2 Chr 7,14).

Das stolze Herz weigert sich, Schuld zuzugeben. Das niedrige Herz nimmt lieber die Schuld auf sich, wenn dies andere segnet und sie vor der Hölle der Macht des Stolzes bewahrt. Das stolze, hochmütige Herz sieht auf andere herab und verachtet sie. Das niedrige Herz betet für andere und möchte Gottes Herz für andere fühlen. Das stolze Herz hat seinen Blick immer darauf gerichtet, wie es gelitten hat; es ist sehr selbstzentriert. Dagegen will das niedrige Herz sehen, wie sehr es andere verletzt hat und wie sehr andere unter den Folgen seiner falschen Entscheidungen und Fehler leiden.

In Epheser 4,31 werden wir aufgefordert, **jede** Boshaftigkeit abzulegen. Boshaftigkeit kommt immer aus einem Herzen, das in seiner stolzen und arroganten Selbstsicht verletzt wurde. Die Stimme des verwundeten Stolzes kann zum Beispiel so klingen: „Geh zur Hölle." „Ich wünschte, ich wäre nie geboren worden." „Ich wünschte mir, du würdest sterben." oder „Ich hasse dich." Alle diese Ausdrücke kommen aus dem verwundeten **Stolz** einer Person. Gottes Herz **steht dem stolzen Herzen direkt und vollkommen entgegen!** Warum reagiere ich so wütend darauf, dass ein anderer meinen Stolz verletzt? Weil ich tief im Inneren meines Herzens eine heimliche Liebe für meinen Stolz hege und ich ihn von ganzem Herzen schütze und wertschätze; und deshalb reagiere ich zornig, wenn jemand ihm sein Leben nehmen will.

Anstatt unseren Stolz zu nähren, zu schützen und zu lieben, sollten wir alles in unserer Macht Stehende tun, um ihn zu zerstören. Wer wirklich den Wunsch hat, das niedrige Herz von Jesus zu haben, wird erkennen, wie völlig abscheulich und hässlich Stolz ist; und er wird auch erkennen, dass er jedes Mal, wenn er verwundet wird, dem vollständigen Tod näher kommt. Der einzige Weg, dass das niedrige und sanftmütige Herz Jesu zum Herzen eines Gläubigen wird, ist, dass dieser dem Stolz stirbt. Demjenigen, der der Hässlichkeit des Stolzes stirbt, wird die Schönheit der Heiligkeit der Niedrigkeit des Herrn wirklich zum Besitz werden. Wenn ich meinen Stolz jedes Mal, wenn er verwundet wird, verbinde und versuche, ihn operativ wiederherzustellen, wird er niemals sterben.

Ein ausgezeichnetes Beispiel dafür finden wir in der Geschichte von Dagon in 1. Samuel 5,1-10. Die Philister brachten die Bundeslade in ihren Tempel und stellten sie neben ihren Gott Dagon (Vers 2). Am nächsten Morgen lag Dragon auf seinem Gesicht vor der Bundeslade (Vers 3). Am übernächsten Morgen waren der Kopf und die Hände Dagons abgetrennt und lagen von der Bundeslade (Vers 4). Daraufhin wollten die Philister die Bundeslade loswerden (Vers 7). Diese ganze Geschichte offenbart die Macht des **Stolzes** über das menschliche Herz. Wenn Gottes Bundeslade, die die Gegenwart Gottes darstellt, in unseren Tempel kommt (während eines Gottesdienstes, während des Gebets oder während einer Zeit der Anbetung), fällt unser Dagon (der Gott des Selbst bzw. des Stolzes) vor der mächtigen Gegenwart des **wahren Königs** um. Wenn unser Dagon in der Gegenwart Gottes belassen wird, wird er irgendwann sterben, aber, wie es so oft der Fall ist, möchten wir lieber Gottes Gegenwart (die Bundeslade) loswerden als unseren eigenen Gott der Stolzes!

Liebe Leser, wir müssen aufhören, unseren verwundeten **Stolz** immer wieder zu verbinden! Wir wollen zulassen, dass die **schöne, großartige und heilige** Gegenwart unseres Herrn jegliche Macht Dagons in uns zerstört, zur Ehre des großen Namens unseres Königs.

Die vielleicht stärkste Demonstration der Macht des Stolzes kann man an dessen Fähigkeit sehen, einen Menschen zu lähmen, sich zu freuen, danke zu sagen, zu preisen und anzubeten! Der Herr hat seinem Volk den Befehl gegeben, sich immer zu freuen und immer Dank zu sagen für alles und in allen Lebenssituationen.

Diese Haltung, sich an der unbeschreiblichen Güte von Gottes reichlicher Versorgung zu erfreuen und dafür dankbar zu sein, ist so wichtig für Gott, dass er verkündet hat, dass es Flüche auf unser Leben bringt, wenn wir uns weigern, dies zu tun (vgl. 5 Mo 28,47.48). Der neue Bund ist voller Hinweise darauf, dass wir in einer Haltung der Freude, Fröhlichkeit und Danksagung leben sollen. Es ist ja das Leben eines anderen (d.h. das Leben Jesu), das in uns wohnt, und sein Leben hat den natürlichen und lebendigen Wunsch, voller Freude, Dankbarkeit und Lobpreis seinem Vater gegenüber zu leben (vgl. Ps 22,20-27; Heb 2,10-12; 13.15; 1 Thess 5,16-19; Eph 5,18-20; Phil 4,4.6). Wenn ich im Geist seines Lebens lebe, werden Lobpreis, Freude und Danksagung für diesen neuen Menschen ganz natürlich. Wenn ich aber durch meine eigene Stärke und die Kraft meines fleischlichen Willens lebe, dann wird es für mich unmöglich sein, Dank zu sagen und Gott zu preisen.

Stolz ist der größte und stärkste Widersacher, dass eine andere Person gelobt und geehrt wird. Stolz verhindert auch, dass Gott gepriesen und geehrt wird, da er der Meinung ist, dass dies ihm zusteht. Der Hauptgrund, weshalb jemand Schwierigkeiten damit hat, dem Herrn in einem Gottesdienst viel Lobpreis zu bringen, ist, dass er tief in seinem Herzen den heimlichen Wunsch hat, selbst angebetet zu werden. Stolz lässt nicht zu, dass ein anderer König angebetet wird. Erinnern Sie sich daran, dass der Teufel zu Jesus sagte: *... wenn du niederfallen und mich anbeten willst* (Mt 4,9). In diesem Herzen der Stolzes wird sich immer der geheime Wunsch, Lob und Anbetung zu erhalten, verbergen. Wenn jemandes Herz mit Stolz erfüllt ist, wird er sich darüber ärgern, dass ein anderer gepriesen und verehrt wird – auch wenn es der König der Könige selbst ist!

Jede Weigerung, dem Herrn zu danken, ihn zu preisen, sich an ihm zu freuen und ihn schließlich in der Schönheit der Heiligkeit anzubeten, kommt aus einem stolzen Herzen! Meine Freude, meine Dankbarkeit, mein Lobpreis und insbesondere mein Herz der Anbetung werden genau dem Stolz bzw. der Demut in meinem Herzen gegenüber dem wahren König des Universums entsprechen! Wenn ich in der Tiefe meines Herzens dem Herrn gegenüber einen Groll hege (der immer aus dem Stolz in mir kommt), dann werde ich dementsprechend nicht fähig sein, mich zu freuen, Dank und Lobpreis zu geben und den Herrn in der Schönheit der Heiligkeit anzubeten. Stattdessen werde ich mein Selbst in einer Haltung des Stolzes anbeten! In Psalm 22 sprach David prophetisch für den Messias. Er beschrieb die äußerste Qual des Schmerzes, der Verachtung und des Missbrauchs des Messias inklusive des intensiven Verlassenwerdens und der Ablehnung der Menschen. Mitten unter diesen schrecklichen Bedingungen proklamiert er, dass er seinen Brüdern den Namen seines Vaters verkünden werde und dass er in der Mitte der Gemeinde seinen Gott preisen werde. Die Sanftmütigen würden dann seinen Lobpreis hören und zufrieden sein. Die Sanftmütigen essen immer die Frucht der Lippen dessen, der Gott preist.

Es stillt ihre tiefste Sehnsucht, nämlich den Wunsch, den König für seine Güte sogar inmitten schwieriger Lebensumstände zu ehren, zu erheben und zu erhöhen (vgl. Ps 22,20-27). Die Sanftmütigen werden sich freuen, aber Stolz wird sich ärgern und sich beschweren! Das Wesen von Satan ist Stolz, und dieser Geist des Stolzes wird immer verlangen, verehrt und angebetet zu werden. Wenn jemand stolz ist, wird er deshalb den Herrn für seine Umstände bzw. für dessen Güte nicht preisen und erheben.

*Der anmaßend Übermütige – Spötter ist sein Name – handelt mit maßlosem Übermut* (Spr 21,24). Dieser Vers spricht über eine Person, die zu einer gewissen Zeit verbittert wurde, weil jemand ihren Stolz verletzte, und die, statt ihr eigenes Herz zu demütigen, den, der ihr Selbstbild (Stolz) verletzte, gerichtet hat. Wenn man sich nicht demütigt, sondern sich dem verwundeten Stolz beugt, entscheidet man sich dafür, sich mit dem Wesen eines Spötters zu identifizieren. Der Name einer Person zeigt ihr Wesen an; deshalb bezieht sich dieser Vers eigentlich auf jemand, der sich so sehr damit identifiziert hat, andere zu verachten, zu verspotten und auf sie herabzusehen, dass er jetzt zu einem Spötter geworden ist. Seine gesamte Lebenseinstellung ist nun, Leute zu verachten und auf sie herabzusehen, weil er sich entschieden hat, in einem solch tiefen Stolz zu leben. Sowohl sein bitterer Ärger als auch seine Verachtung haben ihre Wurzel in einem Herz des Stolzes.

Als der Herr den König Nebukadnezar völlig wiederherstellte, machte dieser eine erstaunliche und wichtige Entdeckung, nämlich dass der Herr die Stolzen demütigt, dass er die Niedrigen erhöht, damit sie herrschen, und dass er viele Wege hat, die Stolzen herunterzubringen, die sich in ihrem Herzen gegen **ihn** erheben! Wenn der Herr sieht, dass sich das Herz eines Menschen im Stolz erhoben hat, sieht er mit seinen ewigen Augen in Wirklichkeit wieder das ursprüngliche Herz der Rebellion, immer und immer wieder. Dasselbe Herz, das sich in Luzifer manifestierte, manifestiert sich in jeder Person, die sich weigert, sich zu demütigen.

Liebe Leser, ich möchte Sie ernsthaft herausfordern, einmal alles zu studieren, was Gott über den Stolz in all seinen Ausprägungen sagt, und Sie werden mit etwas aus dem Herzen Gottes erleuchtet werden, das Ihnen bisher verborgen war. Ich persönlich frage mich, ob es für etwas Vergebung gibt, das Gott in Ewigkeit hasst, dem er widersteht und dem er sich widersetzt. Kann es sein, dass die einzige Lösung für diese abscheuliche Sache mit dem Namen Stolz die ist, dass man sich entscheidet, sich unter die mächtige Hand Gottes zu demütigen? Welch eine erschreckende Offenbarung: dass jemand, der ein so großes Erbarmen, tiefes Mitgefühl und eine extravagante Liebe hat, auch einen solch intensiven Hass haben kann! Ich danke Gott, dass die Geschichte nicht mit dem Sündenfall des Menschen im Garten und mit dem Eintritt eines rebellischen Fürsten in das Herz des Menschen aufgehört hat (*der Geist, der jetzt in den Söhnen des Ungehorsams wirkt;* vgl. Eph 2,2).

Wie die Heilige Schrift erklärte, wurden wir vor Grundlegung der Welt in ihm erwählt, um durch das Leben eines anderen, durch den Geist eines anderen und mit einem verwandelten, beschnittenen neuen Herzen zu leben, das sich gerne seinem Schöpfer beugt, statt sich zu versteifen! Nach Philipper 2 hat der allmächtige Gott den Namen und das Wesen seines Sohnes für alle Ewigkeit hoch erhöht. Jesus besiegte die Lust des Fleisches, die Lust der Augen und den prahlerischen Stolz dieses Lebens, während er auf der Erde lebte. Und nun, vom Himmel aus, ist er wieder dabei, durch seinen Geist und seinen Leib alle Mächte der Finsternis zu besiegen. Ehre sei seinem heiligen Namen! Welch ein Retter; welch ein Herr!

Jesus überwand alle drei Begierden. In 1. Johannes 2,15-17 steht, dass die ganze Macht Satans in diesem Weltsystem durch diese drei Begierden beschrieben werden kann: *die Begierde des Fleisches und die Begierde der Augen und der Hochmut des Lebens.* Jesus kam *in Gleichgestalt des Fleisches der Sünde* und überwand als ein Mensch die Sünde (vgl. Röm 8,3). Er überwand nicht als Gott, sondern als Mensch. Er wurde Fleisch und wohnte unter uns (vgl. Joh 1,14). Die Sünde war nun im Fleisch (Leib) verdammt und konnte nicht mehr über die Menschen regieren. Christus besiegte Satan, die Sünde und dieses Weltsystem, damit er dann der Retter der Welt sein konnte.

Er, Jesus, gewann alles zurück, was Adam für das Menschengeschlecht verloren hatte. Er erlöste die Menschheit vom Fluch des Gesetzes, denn er überwand das Gesetz und erfüllte vollständig alle Anforderungen des Gesetzes für uns. Jede einzelne Forderung des Gesetzes ist in **Christus** erfüllt.

Man könnte sagen, dass die ursprüngliche Würde, die Gott dem Menschen gegeben hatte, nun in Christus der Menschheit völlig zurückgegeben wurde. Der Psalmist sagte: *Was ist der Mensch, dass du seiner gedenkst* (Ps 8,5a). Schon von Anbeginn der Zeit hat Gott sich intensiv um die Menschen gekümmert. Er wollte dem Menschen als einem seiner Auserkorenen königliche Würde verleihen – ein Kind des Königs der Könige –, als einem, der die Fähigkeit besaß, als Priester und König auf diesem Planeten Erde zu regieren und zu herrschen. *Und hat uns gemacht zu einem Königtum, zu Priestern seinem Gott und Vater: Ihm sei die Herrlichkeit und die Macht von Ewigkeit zu Ewigkeit! Amen* (Offb 1,6).

Jesus Christus überwand, damit wir in ihm zu Überwindern werden! Unsere Stärke zu überwinden finden wir nur in Verbindung mit dem einen, der schon überwunden hat! Das Wort Gottes erklärt: *Denn [so viel] der Himmel höher ist als die Erde, so sind meine Wege höher als eure Wege* (Jes 55,9a).

Ein großes, bemerkenswertes Beispiel dieser vollständigen Umkehrung der Methodik finden wir in der Tatsache, dass in der Bibel der Eroberer ein geschlachtetes Lamm ist. Dagegen sieht dieses, unser Weltsystem jemand, der geschlachtet wurde, als einen Besiegten an, aber niemals als Sieger! Durch seinen Tod hat er überwunden. Er gewann den gesamten Krieg durch den Tod. Durch den Tod wurde Jesus zum Fürst des Lebens. Durch den Tod wurde die Macht des Todes zerstört. Der Fürst dieser Welt wurde aus seiner Position der Macht und Autorität hinausgeworfen. *Jetzt ist das Gericht dieser Welt; jetzt wird der Fürst dieser Welt hinausgeworfen werden. Und ich, wenn ich von der Erde erhöht bin, werde alle zu mir ziehen. Dies aber sagte er, um anzudeuten, welches Todes er sterben sollte* (Joh 12,31-33).

In der gesamten Geschichte und in allen Filmen ist die gefallene Person ein Symbol der Niederlage, des Verlustes, höchstens noch des tapferen, mutigen Durchhaltevermögens; aber niemals wäre sie das Symbol **eines siegreichen, überwindenden, triumphierenden Kriegers!** Gottes Wege sind so anders als die Wege der Welt. In der himmlischen Welt führt der Weg nach oben abwärts; um gefüllt zu werden, muss man leer werden; um zu herrschen, muss man ein Diener sein; um zu leben, muss man sterben; und um zu sterben, muss man leben.

Im Buch der Offenbarung wird der Eine, der auf dem Thron sitzt, als ein **geschlachtetes Lamm** beschrieben! *Und ich sah inmitten des Thrones und der vier lebendigen Wesen und inmitten der Ältesten ein Lamm stehen wie geschlachtet, das sieben Hörner und sieben Augen hatte; die sind die sieben Geister Gottes, ausgesandt über die ganze Erde … die mit lauter Stimme sprachen: Würdig ist das Lamm, das geschlachtet worden ist, zu empfangen die Macht und Reichtum und Weisheit und Stärke und Ehre und Herrlichkeit und Lobpreis. Und jedes Geschöpf, das im Himmel und auf der Erde und unter der Erde und auf dem Meer ist, und alles, was in ihnen ist, hörte ich sagen: Dem, der auf dem Thron sitzt, und dem Lamm den Lobpreis und die Ehre und die Herrlichkeit und die Macht von Ewigkeit zu Ewigkeit!* (Offb 5,6.12.13).

In der jetzigen Zeit betont der Geist Gottes nicht nur die Autorität, sondern auch den Charakter des Königreichs. Die ganze Erde soll mit der Erkenntnis der Herrlichkeit des Herrn erfüllt werden, und die Herrlichkeit des Herrn wird in seinem Charakter gesehen. Es gab viel Lehre über die Autorität im Königreich, aber es wurde wenig gesagt über den Charakter des Königs des Himmels und den Charakter seiner Königreichs-Leute.

Das Wort an die Gemeinde in den letzten Tagen ist, diese Gesinnung, das heißt eine Haltung bzw. einen Charakter, in uns zu haben, die auch in Christus Jesus, dem König, war. *Habt diese Gesinnung in euch, die auch in Christus Jesus [war], der in Gestalt Gottes war und es nicht für einen Raub hielt, Gott gleich zu sein. Aber er machte sich selbst zu nichts und nahm Knechtsgestalt an, indem er den Menschen gleich geworden ist, und der Gestalt nach wie ein Mensch befunden, erniedrigte er sich selbst und wurde gehorsam bis zum Tod, ja, zum Tod am Kreuz. Darum hat Gott ihn auch hoch erhoben und ihm den Namen verliehen, der über jeden Namen ist, damit in dem Namen Jesu jedes Knie sich beuge, der Himmlischen und Irdischen und Unterirdischen, und jede Zunge bekenne, dass Jesus Christus Herr ist, zur Ehre Gottes, des Vaters* (Phil 2,5-11).

Dieser Bibelabschnitt lehrt, dass Jesus von Gott hoch erhöht und dass ihm ein Name über alle Namen gegeben wurde, weil er den Charakter eines Lammes hatte, weil er nicht auf einen guten Ruf aus war und weil er ein Diener wurde. Es war sein niedriges Herz, welches das Herz des Vaters so sehr erfreute, dass er ihm den höchsten Platz der Ehre und Majestät im Universum verlieh. Jetzt ist die Zeit gekommen, dass die Gemeinde Jesu Christi klar den Unterschied zwischen der äußerlichen Manifestation der Macht des Löwen und der **inneren** Offenbarung des **Wesens des Lammes** sieht. Jetzt ist die Zeit, dass die Gemeinde den Unterschied zwischen der äußeren Demonstration der königlichen Autorität und der inneren Erfahrung des königlichen Charakters erkennt. Jetzt ist die Zeit, dass die Gemeinde das geheime Mysterium der Schönheit der Heiligkeit offenbart, indem sie die äußere Manifestation der Heiligkeit in die Welt hineinstrahlt.

David sagte, wir sollten den Herrn in der Schönheit der Heiligkeit anbeten (vgl. Ps 29,1.2). Aber wo ist die Schönheit in der Heiligkeit? Heiligkeit erforderte, dass Hananias und Saphira augenblicklich starben, weil sie eine kleine Lüge erzählten (vgl. Apg 5). Heiligkeit forderte, dass König Herodes von Würmern gefressen wurde und einen sofortigen Tod starb, weil er zuließ, dass Leute ihn als Gott bezeichneten, nachdem er eine Rede gehalten hatte (vgl. Apg 12,21-23). Heiligkeit sah wie ein verzehrendes Feuer auf der Spitze eines Berges aus, und die Leute, die dies sahen, fürchteten sich sehr (vgl. 2 Mo 24,16.17). Wenn sich Heiligkeit manifestiert, fangen Berge an zu wanken, wird ein alles verzehrendes Feuer freigesetzt und werden die Menschen im Kern erschüttert. Es wird darüber gesagt, dass es eine schreckliche Sache für diejenigen ist, die sie sehen, und dass es einer der beängstigendsten Anblicke ist. Wenn ein Mensch dieser Ehrfurcht gebietenden Macht begegnet, macht es ihn deshalb sprachlos und es raubt ihm buchstäblich alle Kraft, egal, wie heilig er bisher gelebt hat (vgl. 1 Mo 28,17; 2 Mo 19,18;

20,18-22; 24,16.17; 5 Mo 4,24; Neh 9,32; Ps 89,7; Jes 6,1-6; Jer 5,22; Dan 10,8; Mal 1,14; Heb 12,29; Offb 1,17).

Der Apostel Paulus sagte, dass er den Schrecken des Herrn kannte (vgl. 2 Kor 5,11). Dieses Wort für Schrecken ist *phobos*. Die Definition von Strong (Nr. 5401) ist: „in Angst, Alarm oder Schock versetzt werden; fürchten, große Angst haben, Schrecken oder was Schrecken hervorbringt". Vielleicht begegnete Paulus dem Schrecken des Herrn, als dieser ihm auf der Straße nach Damaskus erschien und sein Licht bzw. seine Helligkeit Saul blendete und ihn von seinem Pferd herabstieß.

Was ist also so schön an der Heiligkeit, dass uns gesagt wird, wir sollten die Schönheit von Gottes Heiligkeit anbeten (vgl. 2 Chr 20,21), und dass uns aufgetragen wird, wir sollten in die Schönheit der Heiligkeit gekleidet anbeten (vgl. Ps 29,2; 96,9)? Ich kann Gottes wunderbare Heiligkeit nicht einfach anbeten, sondern muss selbst in dieser Schönheit sein, während ich anbete. Ich habe viele Jahre über Heiligkeit gelehrt, ohne die Schönheit der Heiligkeit erkannt zu haben; und deshalb war sie für meine Zuhörer nicht erstrebenswert. Solange die Heiligkeit demjenigen, der spricht, nicht als schön offenbart worden ist, wird Gott ihn nicht benutzen können, um anderen seine Schönheit zu offenbaren. Ist Ihnen die Schönheit der Heiligkeit schon offenbart worden, lieber Leser? Heiligkeit in ihrer äußerlichen Erscheinung ist eher schrecklich bzw. furchtbar als schön. Was also genau ist die Schönheit der Heiligkeit? Die Antwort auf diese Frage wird in den nächsten Kapiteln dieses Buches erörtert.

Noch ein Abschlussgedanke zu diesem Kapitel: Alle Herrschaft und Autorität wurde korrekterweise seinem rechtmäßigen Herrscher zurückgegeben, und er hat sie im Gegenzug seinem Leib hinterlassen, damit dieser sie in seinem Namen benutzt (vgl. Mt 28,18-20; Luk 10,19; Joh 14,12-14).

In der Heiligen Schrift bezieht sich ein Name immer auf einen entsprechenden Charakter. Meinte deshalb unser Herr, als er sagte: „Was immer ihr in meinem Namen bittet ...", vielleicht, dass er will, dass seine Autorität von jenen, die sein Wesen und seinen Charakter offenbaren, ausgeübt wird? Überall, wo ich die Wahrheit, die in diesem Buch enthalten ist, lehre, erlebe ich, dass Gottes Kinder hungrig danach sind und dass sie in diesem Bereich überhaupt keine Offenbarung haben. Hat Gott dieses Geheimnis über sein Herz möglicherweise für die Endzeit verborgen gehalten?

***Deine Augen werden den König schauen in seiner Schönheit.***
Jesaja 33,17a

# KAPITEL 5

## Das verborgene Geheimnis im Herzen des Vaters

Jesus kam, um den Vater zu offenbaren. Es sagte zu Philippus: „Wenn du mich gesehen hast, hast du den Vater gesehen." *Jesus spricht zu ihm: So lange Zeit bin ich bei euch, und du hast mich nicht erkannt, Philippus? Wer mich gesehen hat, hat den Vater gesehen. Und wie sagst du: Zeige uns den Vater?* (Joh 14,8.9).

Jesaja weissagte, der Messias werde keine Schönheit haben, sodass wir Gefallen an ihm finden würden (vgl. Jes 53,2). Andererseits prophezeite er: *Deine Augen werden den König schauen in seiner Schönheit* (Jes 33,17a). Manche sehen nur, was Gott äußerlich zu zeigen bereit ist, wie zum Beispiel seine Macht, seine großen Werke oder eine Person, die wie ein einfacher, gewöhnlicher Zimmermannssohn aussieht. Andere dagegen bekommen einen Einblick in etwas, das tief im Herzen und in der innersten Gesinnung Gottes ist. Dort ist die Schönheit der Herrlichkeit verborgen!

Hiob spricht von einem Ort in Gott, an dem sogar Gold geläutert wird und zu dem kein Raubvogel den Weg kennt (vgl. Hiob 28,1.7). Es gibt geheime Dinge im Herzen Gottes, die zu heilig sind, um sie einfach jedem zu zeigen. Erzählt etwa ein Ehemann intime Geheimnisse seines Herzens einfach jedem, der gerade vorbeikommt? Bestimmt tut er das nie, und weshalb nicht? Weil ein intimer Liebhaber sein Herz nur einer Person offenlegen wird, die wirklich wissen will, was in seinem Herzen ist. Er muss wissen, dass man dieser Person Geheimnisse anvertrauen kann. Leute, die einfach nur etwas wissen wollen, interessiert nicht wirklich, was jemand auf dem Herzen hat. Sie sind nur neugierig und wollen mehr Informationen haben.

In Johannes 1,37-39 wollten zwei Jünger von Jesus einige Informationen haben. Sie fragten ihn: *Wo hältst du dich auf?* Jesus gab ihnen das, wonach sie suchten – Informationen. Interessant dabei ist, dass Jesus wusste, dass sie nur nach *etwas* suchten und nicht nach *jemand.* Jesus fragte sie: *Was sucht ihr?* (V. 38). Ganz anders dagegen verhält es sich in Johannes 20,15 mit Maria, die das Lamm auf tiefe Weise liebte. Sie weinte, weil sie ganz verzweifelt den mit Narben übersäten, geschundenen und geschlagenen Leib ihres Retters sehen wollte!

> *Maria aber stand draußen bei der Gruft und weinte. Als sie nun weinte, bückte sie sich vornüber in die Gruft und sieht zwei Engel in weißen [Kleidern] dasitzen, einen bei dem Haupt und einen bei den Füßen, wo der Leib Jesu gelegen hatte. Und jene sagen zu ihr: Frau, was weinst du? Sie spricht zu ihnen: Weil sie meinen Herrn weggenommen und ich nicht weiß, wo sie ihn hingelegt haben. Als sie dies gesagt hatte, wandte sie sich zurück und sieht Jesus dastehen; und sie wusste nicht, dass es Jesus war. Jesus spricht zu ihr: Frau, was weinst du? Wen suchst du? Sie, in der Meinung, es sei der Gärtner, spricht zu ihm: Herr, wenn du ihn weggetragen, so sage mir, wo du ihn hingelegt hast! Und ich werde ihn wegholen. Jesus spricht zu ihr: Maria! Sie wendet sich um und spricht zu ihm auf hebräisch: Rabbuni! das heißt Lehrer* (Joh 20,11-16).

In Vers 15 sagte Jesus zu Maria: *Wen suchst du?* Jesus weiß jedes Mal, wenn wir uns in einer christlichen Zusammenkunft treffen, ob wir wegen Informationen gekommen sind oder ob wir gekommen sind, um ihn zu suchen; und er antwortet liebevoll und treu entsprechend dem wahren Verlangen unseres Herzens (vgl. Ps 145,16-18).

Viele sehen Gott den Vater als einen fordernden, kontrollierenden Gott, dem man entweder dient oder der einen zerstört, falls man sich ihm nicht unterordnet. Viele Leute kommen nicht zu Gott, weil sie tief in ihrem Herzen glauben, dass er ihnen nicht helfen kann und dass er ihnen auch gar nicht helfen will. Jesus kam auf die Erde, um zu offenbaren, wie der Vater wirklich ist. Er kam, um das Vaterherz Gottes zu offenbaren, denn er ist das ausdrückliche, genaue Abbild Gottes, und er ist die vollkommene Ausstrahlung der Herrlichkeit Gottes, des Vaters.

> *Er, der Ausstrahlung seiner Herrlichkeit und Abdruck seines Wesens ist und alle Dinge durch das Wort seiner Macht trägt, hat sich, nachdem er die Reinigung von den Sünden bewirkt hat, zur Rechten der Majestät in der Höhe gesetzt* (Heb 1,3).

Wenn jemand wirklich das Herz Jesu erkennt, sieht er das Herz von Gott, dem Vater (vgl. Joh 14,9).

Zu verstehen, was im Herzen Jesu ist, heißt, zu erkennen, was im Herzen von Gott dem Vater ist! Dazu braucht es eine Offenbarung; man kann es nicht nur durch intellektuelles Lernen verstehen. Der Heilige Geist ist der Einzige, der uns die Geheimnisse des Herzens Gottes offenbaren kann. Jesus sagte, tief in seinem Herzen seien Sanftmut und Demut (vgl. Mt 11,29). Er sagte außerdem, wir sollten diesen Charakter der Sanftmut und Demut von ihm lernen. Das geschieht, wenn wir sein Joch auf uns nehmen und in Einheit mit seinem Herzen leben.

> *Nehmt auf euch mein Joch, und lernt von mir! Denn ich bin sanftmütig und von Herzen demütig, und „ihr werdet Ruhe finden für eure Seelen"* (Mt 11,29).

Im selben Bibelabschnitt weist Jesus auf die Tatsache hin, dass niemand den Vater kennt, außer diejenigen, denen es der Sohn offenbaren will und deren Augen er öffnet, damit sie sehen, was wirklich in seinem Herzen ist (vgl. Mt 11,27).

Das Wort Gottes macht die erstaunliche Aussage, dass das Lamm (schon) von Grundlegung der Welt an geschlachtet war (vgl. Offb 13,8). Schon als die Welt gebildet wurde, bevor Adam sündigte, war das Lamm schon geschlachtet! Wie kann das sein? Im unsichtbaren Herrschaftsbereich Gottes gibt es keine Zeit. Er ist der ewige ICH BIN. Zukunft und Vergangenheit sind beide in dem immer gegenwärtigen Jahwe enthalten! Deshalb verkündet er *von Anfang an den Ausgang* (vgl. Jes 46,10). Das Lamm war also schon lange geschlachtet, bevor das geschichtliche Ereignis auf Golgatha tatsächlich stattfand!

Die nächste Tatsache, die durch die Wahrheit gekennzeichnet ist, dass das Lamm schon von der Grundlegung des Universums an geschlachtet war, ist, dass tief im Herzen Gottes ein geschlachtetes Lamm ist.

*Niemand hat Gott jemals gesehen; der eingeborene Sohn, der in des Vaters Schoß ist, der hat [ihn] kundgemacht* (Joh 1,18). Der Sohn, der das ewige Wort ist, ist im Schoß des Vaters; und deshalb befindet sich tief im Herzen oder Schoß des Vaters ein geschlachtetes Lamm!

Eines Tages wurde das ewige Wort Fleisch und wohnte unter uns. Mit anderen Worten, eines Tages wurde jedes Wort, das aus Gottes Mund hervorkam, in der Person des Wortes, das Fleisch wurde und unter uns wohnte, vollendet. Wenn jemand die Bibel liest und dabei nicht weiß, was für ein Herz zu ihm spricht, wird er den Hauptaspekt – Gottes verzehrenden, leidenschaftlichen Wunsch, seine Schöpfung zu lieben – verpassen!

Im Schoß des Vaters ist ein gekreuzigtes Lamm, und Jesus sagte: *Ich preise dich, Vater, Herr des Himmels und der Erde, dass du dies vor Weisen und Verständigen verborgen und es Unmündigen geoffenbart hast* (Mt 11,25). Der Vater hat sich entschieden, die geheimen Seiten seines ewigen Herzens der Niedrigkeit vor den Weisen und Klugen zu verbergen. Das System der Religion war zu allen Zeiten weise und klug in seinen eigenen Augen, weil es vom verbotenen Baum der Erkenntnis von Gut und Böse gegessen hat. Ihm entgeht auch weiterhin die Offenbarung des Erbarmens und des Mitgefühls, das in Gottes Herzen ist. Auf viele verschiedene Weisen hatte Christus den religiösen Leuten seiner Zeit gesagt, sie sollten hingehen und lernen, was dies bedeutet: „Ich (Gott) sehne mich nach Barmherzigkeit, nicht nach Opfern."

> *Geht aber hin und lernt, was das ist: „Ich will Barmherzigkeit und nicht Schlachtopfer." Denn ich bin nicht gekommen, Gerechte zu rufen, sondern Sünder* (Mt 9,13).

Immer wieder unterrichtete der Herr alle, einschließlich seiner Apostel, über die Wege seines Königreichs, die voller Sanftmut, Demut, Erbarmen und Mitgefühl sind; aber sie verstanden nicht, was er sagte. Der Heilige Geist sagt sogar, dass es vor ihnen verborgen war. Erst nachdem der Heilige Geist gekommen war, um sie zu füllen, fingen sie an, die Niedrigkeit von Gottes Herzen den Menschen gegenüber zu verstehen.

Als Jesus seinen Jüngern mitteilte, wie wichtig es sei, dass er leide, misshandelt werde, sterbe und wieder auferstehe, fingen diese sofort an, darüber zu streiten, wer von ihnen der Größte sei, statt den Sieg des Kreuzes zu sehen! *Es entstand aber auch ein Streit unter ihnen, wer von ihnen für den Größten zu halten sei* (Luk 22,24).

> *Denn er lehrte seine Jünger und sprach zu ihnen: Der Sohn des Menschen wird überliefert in der Menschen Hände, und sie werden ihn töten; und nachdem er getötet worden ist, wird er nach drei Tagen auferstehen. Sie aber verstanden die Rede nicht und fürchteten sich, ihn zu fragen. Und sie kamen nach Kapernaum, und als er im Hause war, fragte er sie: Was habt ihr unterwegs besprochen? Sie aber schwiegen; denn sie hatten sich auf dem Weg untereinander besprochen, wer der Größte sei. Und er setzte sich, rief die Zwölf, und er spricht zu ihnen: Wenn jemand der Erste sein will, soll er der Letzte von allen und aller Diener sein. Und er nahm ein Kind und stellte es in ihre Mitte; und er nahm es in seine Arme und sprach zu ihnen: Wer eins von solchen Kindern aufnehmen wird in meinem Namen, nimmt mich auf; und wer mich aufnehmen wird, nimmt nicht mich auf, sondern den, der mich gesandt hat* (Mk 9,31-37; Mt 20,18-28).

Es ist bedeutsam, dass Mose die Herrlichkeit des Herrn auf eine Weise sah, wie sie kaum ein anderer gesehen hat. Von ihm wurde gesagt, er sei der demütigste Mann gewesen, der jemals lebte! Durch seine häufigen Begegnungen mit dem Herrn war ihm dessen Sanftmut eingeflößt worden! Der großartigste Aspekt der Herrlichkeit Gottes scheint die verborgene Dimension von Gottes Erbarmen und seinem geduldigen, mitfühlenden Herzen zu sein (vgl. 2 Mo 33,18.19; 34,5-7).

Der Hauptsinn und -zweck dieses Buches ist, die Schönheit der Heiligkeit zu erläutern, wie sie in der Haltung bzw. dem innersten Gedankenleben des Sohnes Gottes offenbart wird. Je tiefer man in die Tiefen von Gottes Herzen hineingehen darf, desto mehr wird einem die Schönheit in der Heiligkeit offenbart. „Tiefe ruft der Tiefe zu." Es gibt etwas tief im Innern von Gott, das die Menschen aufruft, in ihn hineinzukommen und von ihm zu lernen!

Jesus sagte nie, wir sollten lernen, wie man Wunder tut; er sagte nie, wir sollten lernen, wie man Seelen gewinnt; er sagte nie, wir sollten lernen, wie man liebt; und er sagte noch nicht einmal, wir sollten lernen, wie man in den Gaben des Geistes fließen kann. Aber er sagte, wir sollten von seinem Herzen der Sanftmut und Demut bzw. Niedrigkeit lernen!

Auf den folgenden Seiten werden wir die Worte sanftmütig und niedrig erörtern. Dabei müssen wir einige Berge erklimmen, damit wir in gewisser Weise ein genaues Verständnis dieser beiden Ausdrücke erhalten. Der eine Berg ist die Tatsache, dass die Worte, die Jesus benutzte, um sich selbst zu beschreiben, in der heutigen Zeit sehr selten benutzt werden und in manchen Wörterbüchern sogar als altmodisch bezeichnet werden!

Sprüche 23,7 sagt: *Wie ein Mensch in seinem Herzen denkt, so ist er* (wörtl. a. d. Engl.). Eine Person ist in gewisser Weise die Summe der Gedanken seines Herzens. Die innere Herzenshaltung ist eigentlich das Wesentliche dessen, wer ich bin. Alles, was ich glaube, worüber ich nachdenke und durch mein Herz zum Ausdruck bringe, ist die echte Person in mir.

Eine junge Frau verliebt sich in einen jungen Mann. Sie denkt sich: „Eines Tages werde ich ihn heiraten." Ihre beste Freundin fragt sie: „Wie ist dein Verlobter?"

Sie sagt: „Er ist 1,85 m groß, hat braune Haare, wiegt 85 Kilo, hat hellbraune Augen; er arbeitet als Rechtsanwalt und besitzt ein Haus und ein Auto."

Ist das eine genaue Beschreibung der Person, die sie heiraten wird? Der Herr sagte zu Samuel: *Sieh nicht auf sein Aussehen und auf seinen hohen Wuchs! Denn ich habe ihn verworfen.*

*Denn [der HERR sieht] nicht auf das, worauf der Mensch sieht. Denn der Mensch sieht auf das, was vor Augen ist, aber der HERR sieht auf das Herz* (1 Sam 16,7). Deshalb wird die wahre Person im Herzen gefunden und nicht im Äußeren oder etwas Äußerlichem.

Wenn diese junge Frau nicht die Wege des Herzens ihres Mannes versteht – wie zum Beispiel seine Gedankenmuster, seine Einstellungen und seinen Charakter –, dann kann sie sich sehr darin irren, wer da ihr Bräutigam wird. Der Herr, der größte Liebhaber und Bräutigam aller Zeiten, wird kommen, um seine Braut zu erhalten! (vgl. Mt 25,1-13).

Heute wird im Leib Christi viel über die Braut Christi geredet und es werden viele Bücher darüber geschrieben, aber eine wichtige Frage dabei ist: Versteht die Braut, wen sie heiraten wird? Wenn ich die Wege einer Person nicht kenne und die Gedanken ihres Herzens nicht klar verstehe, kann ich sie dann wirklich lieben? Kann ich wirklich eins mit ihrem Herzen sein? In der Bibel gibt es sehr viele Stellen, die sich auf das Herz Gottes beziehen, weshalb er ganz klar ein Herz hat. *Gehen etwa zwei miteinander, außer wenn sie zusammengekommen sind?* (Amos 3,3).

Vielleicht hilft uns das, besser zu verstehen, weshalb der Herr über das Volk Israel so betrübt war, weil sie die Wege seines Herzens nicht kannten! Die Menschen sahen die Taten Gottes, aber Mose kannte seine Wege! (vgl. Ps 103,7). Dieses Versagen des Volkes Gottes, die Wege des Herzens ihres Gottes zu kennen, bekümmerte ihn sehr. *Deshalb zürnte ich diesem Geschlecht und sprach: Allezeit gehen sie irre mit dem Herzen. Sie aber haben meine Wege nicht erkannt* (Heb 3,10).

Dieser größte Liebhaber im gesamten Universum möchte für das geliebt werden, wer er ist, und nicht nur für das, was er hat oder was er tut.

Er verkündete nachdrücklich und für alle Zeiten, dass es einen Mann nach seinem eigenen Herzen gab, der David hieß; und ich glaube, dies hat ihn riesig gefreut (vgl. Apg 13,22). Der Herr sehnt sich immer noch nach einem Volk, das an seinen Gefühlen, Wünschen und Gedanken Anteil haben will; und er ist immer noch über die bekümmert, die seine Wege nicht kennen. Paulus sagt der Gemeinde in Ephesus: *Betrübt nicht den Heiligen Geist* (Eph 4,30). Man kann schon fast die Frage von den Lippen Jesu hören, als er sagt: „Könnt ihr nicht eine Stunde mit mir wachen?"

Wen plane ich, mit Christus, dem Bräutigam, zu heiraten? Einen Zimmermann? Nein, das war sein Beruf. Einen Retter? Nein, das war sein Auftrag. Einen allmächtigen Gott? Nein, das ist eine Beschreibung seiner Macht. Einen Befreier bzw. Erlöser? Nein, dies sind Merkmale seiner Macht, zu erlösen und zu befreien. Ein Wundertäter? Nein, auch dabei geht es darum, was er tut.

Wen genau wird die Braut heiraten? Wer ist er? Wie ist er? Was kennzeichnet sein Herz? Niemand kann darauf wohl eine bessere Antwort geben als der Bräutigam selbst. Er sagt: *Ich bin sanftmütig und von Herzen demütig* (Mt 11,26-29).

Man muss die Grundlagen über Gott verstanden und erlebt haben, bevor man in die Geheimnisse Gottes eintreten kann. Paulus sagte zu den Korinthern, er könne mit ihnen nicht wie mit reifen Gläubigen sprechen, sondern nur wie mit kleinen Kindern, weil sie nur Milch trinken und kein Fleisch essen könnten. Deshalb wurde der gesamte erste Korintherbrief als Milch und nicht als Fleisch geschrieben, an junge Christen. Das ist sehr aufschlussreich, denn 1. Korinther 13 dreht sich ganz um die Liebe Gottes. Deshalb müssen wir verstehen, dass die gesamte Lehre von Paulus über die Liebe nur in die Kategorie Milch fällt und nicht Fleisch. Mit anderen Worten, wenn ein gläubiger Mensch sich weigert, jeden zu lieben, dann benötigt er mehr Milch und nicht mehr Fleisch. Wenn durch die Liebe Gottes ein Herz gewonnen wurde und dieser Gläubige dem egoistischen, fleischlichen Wesen offensichtlich keinen Raum mehr gibt, dann ist vielleicht die Zeit gekommen, dass diesem Jünger die Geheimnisse von Gottes Herzen enthüllt werden.

Man könnte auch sagen, dass, bevor Jesus auf die Erde kam, um den Vater zu offenbaren, kein Mensch wirklich das Herz des Vaters gekannt hatte. Waren es die Wunder, die Jesus tat, die den Vater offenbarten? Nein. Auch im Alten Testament gab es viele Wunder. War es die Weisheit? Nein, denn schon allein in Salomo gab es eine große Offenbarung des weisen Herzens

Gottes. Aus welchem Grund sagte Jesus: „Wenn jemand mich sieht, sieht er in Wirklichkeit den Vater selbst."?

In Jesus Christus wird eine Person offenbart, die erlaubt, dass Menschen ihn hassen, ihn falsch verstehen, ihn verleumden, ihn benutzen und ihn missbrauchen; und es ist dieses niedrige Herz, das durch ein Lamm, das zum Schlachten geführt wird, symbolisiert wird, welches das Geheimnis des Herzens von Gott dem Vater am besten beschreibt (vgl. Jes 53,1-10).

Während der gesamten Menschheitsgeschichte gab es ein Volk, das für Gottes Herrlichkeit erwählt war und um das er sich mit seinem mitfühlenden, liebevollen und schützenden Herzen kümmerte, das sich von ihm abwandte und ihn hasste (vgl. 1 Mo 6,5; Jer 2,1-5.32; Hes 6,9; Hosea 11,1-9).

Der Herr sagte Jeremia, wenn er Menschen strafe, sei dies kein echter Herzenswunsch von ihm. Er tut es deshalb, weil er weiß, dass es für ihr Wohlergehen entscheidend ist, und damit sie seine Barmherzigkeit kennenlernen. Er sendet Trübsal nur deshalb, weil wir zuvor seine weisen und freundlichen Wegen verlassen haben (vgl. Klagelieder 3,32.33; Ps 119,67.71).

Wie wunderbar sind seine Wege, wie weise sind seine Urteile, und wie zart ist seine Barmherzigkeit! Die Liebe, die im Herzen Gottes ist, muss in einem anderen ihre Erfüllung finden. Also hat Gott die Welt geliebt, dass er seinen eingeborenen Sohn gab. Diese Liebe kann nicht einfach in sich selbst Erfüllung finden. Schon bevor die Zeit begann, sagte der Vater über den Sohn, er (der Sohn) sei seine Freude. Der Sohn hat Gefallen daran, vom Vater zu sprechen und ihn zu ehren, und der Geist freut sich daran, den Sohn zu verherrlichen. Im eigentlichen Wesen des dreieinigen Gottes hat es schon immer einen Ausfluss von Liebe gegeben. Aus den Tiefen von Gottes eigenem Herzen kommt ein unablässiger Strom göttlicher Liebe und Zärtlichkeit. Hohelied 8,6 sagt, dass liebevolle Flammen, die im menschlichen Herz entzündet werden, von Jahwe ausgehen.

Nach dem Sündenfall des Menschen kehrte sich dieses Herz der Liebe, das ursprünglich in Adam war, als er allen Tieren ihren Namen gab und die ganze Schöpfung vor sich sah, plötzlich nach innen, ins eigene Selbst. Dieses erstaunliche, kontaktfreudige Wesen voller Mitgefühl und Liebe wurde nun völlig nach innen gekehrt und verwandelte sich in Selbstzentriertheit. Man könnte fast sagen, dass diese Liebe nun introvertiert und egoistisch war. Deshalb ist die größte Not aller Menschen, dass sie im Zentrum ihres Herzens bekehrt werden. Dadurch richtet sich ihr Blick wieder weg von sich selbst und hin zu Gott und zu anderen, und es kommt ein Strom mitfühlender, zärtlicher Liebe aus ihnen heraus.

Richtet man seinen Blick nach außen auf Gott und andere, findet man in Wirklichkeit sein wahres Leben, das im Herzen Gottes selbst enthalten ist. In Matthäus 10,39 sagt Jesus: *Wer sein Leben findet, wird es verlieren, und wer sein Leben verliert um meinetwillen, wird es finden.*

Im Lauf der Jahrhunderte haben Menschen diesen freundlichen, liebevollen Gott als den erlebt, der Gesetze und Vorschriften gab, damit die Täter und Schuldigen bestraft werden konnten, weil sie das Gesetz übertreten hatten. Aber der gesamte Zweck des Gesetzes war, ein Schulmeister zu sein, um uns zu Christus zu kehren (vgl. Gal 3,24; Röm 10,3.4).

Das Gesetz offenbart mir, dass ich in meiner eigenen fleischlichen, egoistischen, von Adam geerbten Natur nur die Gesetze Gottes übertreten kann, und deshalb brauche ich eine andere Natur bzw. ein anderes Leben, welches das Herz von Gottes Gesetzen wirklich ausdrücken kann und auch tut. Dieses Leben hat eine Natur, die der Natur Gottes entspricht und in jeder Hinsicht ganz vollkommen ist. Dies ist ein **echtes Leben,** das aus Gottes eigenem Wesen in mein Herz kommt und dann in diese Welt, in der ich lebe, hinausströmt. Das Gesetz führt mich also zu Christus, damit Christus nun sein eigenes Leben durch mein Herz leben kann (vgl. Eph 3,17; 1 Joh 4,10; Gal 2,20; 2 Kor 5,17; Kolosser 3,1-4).

Woher weiß man, dass Christus durch einen lebt? Die schwierigsten Leute zu lieben, ist nun keine Last mehr. Es ist noch nicht einmal schwierig, da diese Liebe immer nach außen gerichtet ist und nur in anderen ihre Erfüllung findet. Diese Art von Liebe freut sich daran, freundlich und mitfühlend anderen gegenüber zu sein, egal, wie eine andere Person ist. Wenn es wirklich Christus ist, der in mir lebt, dann ist es für mich kein Problem, andere zu lieben, denn seine Liebe geht automatisch zu den bedürftigsten, ärmsten und am schwierigsten zu liebenden Geschöpfen hin. Er schreibt sein Gesetz in mein Herz.

Menschliche Liebe will aufgrund ihrer introvertierten Natur immer unbewusst und innerlich etwas für ihre Freundlichkeit zurückhaben. Aber göttliche Liebe gibt, will nichts dafür haben, denn sie hat ihre Erfüllung schon darin gefunden, einfach nur zu geben. Gottes Absicht war, dass die Menschen aus seinem Herz heraus lieben sollten, das immer seine eigenen Gesetze erfüllt; und dann bringt das Leben spontan und natürlich das zum Ausdruck, was von innen kommt. Wenn es also ein schwerer Kampf ist, andere zu lieben, liegt es nur daran, dass wir noch nicht in die Ruhe eingegangen sind, einfach dem Geist des Herrn zu vertrauen, dass er sein eigenes Leben durch seinen Leib lebt.

Die echte Quelle und Qualität des Lebens, die jedes Gesetz Gottes erfüllt, kommt aus dem Inneren des Herzens Gottes. Dieses Leben im Schoß des Wesens des Vaters wurde Fleisch und wohnte eines Tages als Mensch unter uns; und sein Name war Jesus.

Im Herzen bzw. Schoß des Vaters befindet sich das wahre Leben, das in der nach außen orientierten, zärtlichen, mitfühlenden Liebe des Vaters verwurzelt ist. *Im Anfang war das Wort, und das Wort war bei Gott, und das Wort war Gott. Niemand hat Gott jemals gesehen; der eingeborene Sohn, der in des Vaters Schoß ist, der hat [ihn] kundgemacht* (Joh 1,1.18).

Das Geheimnis von Gottes Herzen wird also in der Person des Sohnes Gottes offenbart bzw. enthüllt, und die Schönheit von Gottes Heiligkeit wird in der Gesinnung Christi offenbart. Wir werden im nächsten Kapitel damit beginnen, dies zu ergründen.

***Deine Augen werden den König schauen in seiner Schönheit.***

Jesaja 33,17a

# KAPITEL 6

## Der rechtmäßige König erhält die Herrschaft zurück

Der König über das Reich der Finsternis, der über alle Königreiche dieses Weltsystems regiert, ist Satan, und im Zentrum seines Charakters ist ein Herz, das sich im Stolz erhoben hat. Jesaja 14 offenbart, dass Luzifer in seinem Herzen fünf Mal „Ich will" verkündete, und jedes dieser „Ich will" offenbart die Tiefe von Luzifers Verlangen, sich selbst zu erhöhen, sich selbst zu verherrlichen und Mittelpunkt der Aufmerksamkeit zu sein. Dieser erhöhte, selbstzentrierte Fokus ist das eigentliche Wesen des Stolzes. Der Stolz würde ohne zu zögern den allmächtigen, souveränen Gott des Universums entthronen und sich selbst auf den Thron setzen, um als das Zentrum des Lebens gesehen zu werden. Das ist die Wurzel des Charakters des Teufels, der laut 1. Timotheus 3,6 der Grund für seine völlige und absolute Verurteilung war und auch die Ursache dafür, dass er aus dem Himmel hinausgeworfen wurde. Ganz bestimmt steht dieser König über das Reich des Bösen in direkter Opposition zum König über das Reich des Himmels und dessen Charakter.

Der König der Könige, den Gott der Vater als seinen heiligen, souveränen Herrscher eingesetzt hat (vgl. Ps 2,5.6), hat ein Herz, das das genaue Gegenteil von Satans Herz ist. Das Herz, das Gott hasst, ist stolz und erhoben (vgl. Spr 16,5), und das Herz, das Gott sehr liebt, ist ein Herz, das sanftmütig und niedrig ist. Jesus sagte, in den Tiefen seines Herzens seien Demut, Sanftmut und Niedrigkeit (vgl. Mt 11,29).

Dieser Eine, der der Bräutigam genannt wird, macht sich bereit, sich mit einer Braut zu verloben, mit ihr als eins vereint zu werden, denn die zwei sollen eins sein. Soll die Braut mit der Augenfarbe Jesu eins werden? Soll die Braut mit der Haarfarbe des Bräutigams eins werden? Oder vielleicht mit der Macht des Herrn? Um was geht es dabei, dass die Braut mit ihrem Herrn vereinigt wird?

Die Braut wird eins sein mit dem Herzen des Bräutigams, und sein Herz ist sanftmütig und niedrig.

David war ein Mann nach Gottes Herzen. Er sagte, alle Opfer, die Gott wünscht, kämen aus einem zerbrochenen und zerschlagenen Herzen (vgl. Ps 51,19). David sagte: *Betet an den HERRN in heiliger Pracht!* (Ps 96,9).

Was ist die Schönheit in der Heiligkeit? Was ist Heiligkeit? Das Wort „Heiligkeit" hat eine Wurzel, die bedeutet, für Gott „getrennt" oder „abgesondert" zu sein. Aus diesem Grund wurden selbst die Möbel im Heiligtum als heilig angesehen.

„Heilig dem Herrn" bedeutet eigentlich, dass man für Gott und für seine wunderbaren, vollkommenen, heiligen Ziele im Leben abgesondert ist.

Das irdische Leben Jesu unterschied sich von jedem anderen. Er war mehr als alle seine Kameraden mit Freude und Fröhlichkeit gesalbt. Er sprach, wie kein Mensch je gesprochen hatte, und er starb, wie kein anderer starb. Er starb sogar mit Vergebung auf seinen Lippen: „Vater, vergib ihnen, denn sie wissen nicht, was sie tun." Sein gesamtes Leben auf der Erde lebte Jesus vollständig abgesondert für Gott, getrennt von allem, was die Welt glaubt und lebt; er war insbesondere abgesondert vom Stolz des Herzens der Menschen. Die Schönheit seines heiligen Wesens war seine extreme Niedrigkeit des Herzens. Die äußerliche Demonstration von Gottes Gerechtigkeit ist Angst einflößend, doch der innere Herzenscharakter von Gottes Heiligkeit ist wunderschön. Ich glaube, dass die Schönheit in der Heiligkeit das extrem sanftmütige, niedrige Herz von Gott ist, das in der Realität seines allmächtigen, ewigen Wesens verborgen ist, das keine Ungerechtigkeit tolerieren kann.

Man muss zwischen dem inneren Herzen in Gott und der äußeren Hand seiner Macht unterscheiden. Gott, der allmächtig, vollkommen heilig und vollkommen gerecht ist, erschien im Feuer seiner Heiligkeit seinem Volk am Berg Sinai, und der Berg bebte fürchterlich und die Leute zitterten (vgl. 2 Mo 19,16-19).

Als Mose immer mehr erkannte, wer Gott wirklich war, wurde er ein eng vertrauter Freund des Allerhöchsten. Aber Mose wollte unbedingt die wahre Offenbarung von Gottes Herrlichkeit kennen, und deshalb sagte er: *Lass mich doch deine Herrlichkeit sehen!* (2 Mo 33,18).

Mose sah die ganze Güte, das ganze Erbarmen und die ganze Freundlichkeit Gottes. Nachdem Mose die wahre Natur von Gottes inneren Gedanken gesehen hatte, konnte er mit diesem heiligen, Ehrfurcht gebietenden, allmächtigen Gott leichter in Beziehung treten. Immer wenn Gott sein Herz Leuten wie David, Mose, Daniel oder Nehemia offenbart, kommt ungehindert der Schrei nach Barmherzigkeit aus diesem seinem Herzen. Die Schönheit der Heiligkeit kann man im Gesicht Jesu klar sehen. Das Herz einer Person wird an ihrem Gesichtsausdruck offenbar. Die Herrlichkeit Gottes wird im Antlitz Jesu Christi offenbart (vgl. 2 Kor 4,6). Jahwe offenbarte Mose, seine Herrlichkeit werde in seinem Herzen der Güte gesehen. Er ist so niedrig, dass er, obwohl er keinesfalls den Schuldigen ungestraft lässt, selbst den höchsten Preis bezahlt hat, um die ewige Gerechtigkeit völlig zufriedenzustellen. Es gefiel dem Herrn, seinen Sohn am Kreuz zu zermalmen, weil er wusste, dass der Leib des Sohnes zerstört wurde, damit der Leib der Sünde in der Menschheit zerstört werden würde (vgl. Jes 53,10; Röm 6,6).

Der heilige, gerechte Richter des gesamten Universums muss Gerechtigkeit walten lassen, aber sein erstaunliches Herz der Niedrigkeit lässt zu, dass ihn sündige Rebellen kreuzigen, in dem vollen Bewusstsein, dass er sofort die ganze menschliche Rasse auslöschen könnte. Aber anstatt die Menschheit auszulöschen, brachte er einem unwürdigen Volk, das es nicht verdiente, die Rettung; und er kann nun völlig gerecht sein, indem er jeden völlig begnadigt, der an den Tod Jesu Christi für seine Sünde glaubt (vgl. Röm 3,24-27).

Stellen Sie sich einen gigantischen Vulkanausbruch vor, der über Hunderte von Meilen explodiert, und mitten im Zentrum dieser dynamischen Explosion befindet sich ein sehr freundliches, sanftes Lamm, das jedes einzelne Detail der zerstörerischen Aktivität steuert. „Fülle ich nicht den Himmel und die Erde?", verkündet der Herr. Die Gegenwart Gottes erfüllt das gesamte Universum. Jesus ist im Schoß des Vaters, und deshalb ist das Herz Jesu im Zentrum des Universums. Jesus wird als ein Lamm dargestellt, das schon von Grundlegung der Welt an geschlachtet ist. Im Schoß des Herzens des Vaters ist schon von Grundlegung der Welt an ein geschlachtetes Lamm. Ein geschlachtetes Lamm stellt Sanftmut und Niedrigkeit des Herzens dar. In der heutigen Zeit ruft Tiefe der Tiefe zu, damit allen, die es empfangen können, die Offenbarung des Herzens des Vaters zuteil wird. Gott der Herr möchte, dass seine kostbare Braut versteht, dass in der Tiefe dieses heiligen Herzens eine extreme Niedrigkeit ist. Gegenwärtig entsteht ein Volk, das königliche Autorität ausüben und den Charakter des Reiches Gottes manifestieren wird, das heißt Sanftmut und Niedrigkeit des Herzens.

Im Alten Testament sagte der Prophet Sacharja eine Zeit voraus, in der der König triumphierend nach Jerusalem hineinreiten werde; und er werde als der König im Triumph, im Sieg, als Retter und in Gerechtigkeit kommen. *Juble laut, Tochter Zion, jauchze, Tochter Jerusalem! Siehe, dein König kommt zu dir: Gerecht und siegreich ist er, demütig und auf einem Esel reitend, und zwar auf einem Fohlen, einem Jungen der Eselin* (Sacharja 9,9).

Diese prophetische Schriftstelle offenbart, dass Gott das Wesen seines Königs verkündete. Er werde mit Errettung (Triumph) in seinen Herrschaftsbereich, seine Stadt kommen. Er ist gerecht und er ist niedrig; er reitet auf einem Esel und seinem Fohlen. Der Prophet kündigte dem Volk Gottes an, dass sie sich sehr freuen sollten. Sie sollten vor lauter Freude und Triumph laut rufen. Sie sollten über vier Dinge außer sich vor Freude sein:

1. Ihr König war gekommen.
2. Er war gerecht.
3. Er brachte ihnen Rettung.
4. Er war niedrig.

*Und sie führten es zu Jesus; und sie warfen ihre Kleider auf das Fohlen und setzten Jesus darauf. Während er aber hinzog, breiteten sie ihre Kleider aus auf den Weg. Und als er sich schon dem Abhang des Ölbergs näherte, fing die ganze Menge der Jünger an, mit lauter Stimme freudig Gott zu loben über alle die Wunderwerke, die sie gesehen hatten, und sie sagten: „Gepriesen [sei] der König, der da kommt im Namen des Herrn!" Friede im Himmel und Herrlichkeit in der Höhe! Und einige der Pharisäer aus der Volksmenge sprachen zu ihm: Lehrer, weise deine Jünger zurecht! Und er antwortete und sprach zu ihnen: Ich sage euch, wenn diese schweigen, so werden die Steine schreien. Und als er sich näherte und die Stadt sah, weinte er über sie und sprach: Wenn auch du an diesem Tag erkannt hättest, was zum Frieden [dient]! Jetzt aber ist es vor deinen Augen verborgen* (Luk 19,35-42).

*Am folgenden Tag, als die große Volksmenge, die zu dem Fest gekommen war, hörte, dass Jesus nach Jerusalem komme, nahmen sie die Palmzweige und gingen hinaus, ihm entgegen, und schrien: Hosanna! Gepriesen [sei], der da kommt im Namen des Herrn, und der König Israels! Jesus aber fand einen jungen Esel und setzte sich darauf, wie geschrieben steht: „Fürchte dich nicht, Tochter Zion! Siehe, dein König kommt, sitzend auf einem Eselsfüllen." Dies verstanden seine Jünger zuerst nicht; jedoch als Jesus verherrlicht war, da erinnerten sie sich, dass dies von ihm geschrieben war und sie ihm dies getan hatten. Es bezeugte nun die Volksmenge, die bei ihm war, dass er Lazarus aus dem Grab gerufen und ihn aus den Toten auferweckt habe. Darum ging ihm auch die Volksmenge entgegen, weil sie hörten, dass er dieses Zeichen getan hatte* (Joh 12,12-18).

*... damit das Wort des Propheten Jesaja erfüllt würde, das er sprach: „Herr, wer hat unserer Verkündigung geglaubt, und wem ist der Arm des Herrn offenbart worden?" Darum konnten sie nicht glauben, weil Jesaja wieder gesagt hat:*

> *„Er hat ihre Augen verblendet und ihr Herz verstockt, dass sie nicht mit den Augen sehen und mit dem Herzen verstehen und sich bekehren und ich sie heile." Dies sprach Jesaja, weil er seine Herrlichkeit sah und von ihm redete* (Joh 12,38-41).

Wir sehen hier, dass sich die Jünger von Jesus sehr darüber freuten, dass ihr König Einzug hielt, aber es wird uns gesagt, der Grund ihrer Freude war, dass er viele große Werke getan hatte. In diesen Bibelabschnitten entdecken wir verschiedene Dinge. Zunächst einmal wird nicht erwähnt, dass sich die Leute über die Niedrigkeit des Herzens ihres Königs sehr freuten. Zweitens ärgerten sich die religiösen Leiter über die Szene, die stattfand. Drittens wird gesagt, dass das, was damals stattfand, seinen Jüngern verborgen blieb. Und schließlich war eine große Menschenmenge anwesend, als Jesus nach Jerusalem kam.

Wir wollen uns nun mitten in das Geschehen dieser triumphalen Prozession hineinbegeben. Da kommt also der König der Juden, und sehr viele Leute freuen sich und verkünden, dass ihr König endlich gekommen ist. Er bringt Rettung mit sich, und endlich wird Gerechtigkeit über all die unmenschliche Ungerechtigkeit der Welt gegen sie, die Diener des treuen Gottes, triumphieren! Plötzlich erscheinen die religiösen Führer mit ihren Roben und Gewändern auf der Szene. Sie sehen die ganze Begeisterung und Freude über diesen einen, und hören laut und klar: „Unser König ist hier!" Das einzige Problem ist, dass er auf einem schwerfälligen Tier einen steilen Hügel herabkommt, was ihn töricht und instabil erscheinen lässt, und ihn umgibt eine Schar Kinder, die laut seine Großartigkeit verkünden. All das geschieht mitten in einem Volk, das sehr damit vertraut ist, wie ein Eroberer normalerweise in eine Stadt hineinreitet, die er erobert hat – mit vielen muskulösen Soldaten in hellen, glänzenden Rüstungen mit ihren Schwertern, Trompeten und schönen Kriegspferden, und dann dem Anschein nach stabilen Bürger seiner Provinz, die die Ankunft ihres triumphierenden und großmütigen Königs ausrufen und verkünden!

Kein Wunder, dass die religiösen, stolzen, pharisäischen Führer zur Zeit Jesu die Jünger zurechtwiesen und Jesus aufforderten, ihnen zu befehlen, sie sollten still sein! Hatte sie die ganze Sache vielleicht in Verlegenheit gebracht? Und dass die Kinder so viel Lärm machten, konnten die Jünger sie nicht einfach zum Schweigen bringen? Aber der Herr prophezeite über diese Kleinkinder: *Aus dem Mund der Unmündigen und Säuglinge hast du dir Lob bereitet* (Mt 21,16). Gott hat Lobpreis bereitet und Stärke bestimmt für alle, die die Herrlichkeit des Kreuzes sehen und ebenfalls die Überlegenheit der niedrigen Wege Gottes über das System dieser Welt und ihre überheblichen, stolzen Wege fleischlicher Leistungen!

Das Kreuz wird für immer das Mittel sein, das der Herr benutzt, um sein Universum zu regieren. Der Prophet Jesaja sagte, die Herrschaft werde auf seinen Schultern sein. Was trug er auf seinen Schultern? Ein Kreuz! Der Retter, der Gesalbte, der Christus kam in die Welt mit einem Zeichen. *Denn euch ist heute ein Retter geboren, der ist Christus, [der] Herr, in Davids Stadt. Und dies sei euch das Zeichen: Ihr werdet ein Kind finden, in Windeln gewickelt und in einer Krippe liegend* (Luk 2,11.12). Das Zeichen seines Eintritts in diese Welt war, dass er in Windeln gewickelt war und in einer Krippe lag. Niedrigkeit war das Zeichen, dass er der **Eine** war, der als König von Gottes Volk geboren werden sollte. Das Zeichen auf dem Weg aus dieser Welt hinaus, kurz vor seinem Tod, war, dass er niedrig war und auf einem Esel ritt! Sowohl beim Hereinkommen als auch beim Hinausgehen hat Gott seinen König mit dem Zeichen der Niedrigkeit des Herzens gekennzeichnet!

Das bevorzugte Thema unseres Herrn mit seinen Jüngern war sein Reich. Immer wieder sprach Jesus mit ihnen über sein Reich. Nachdem er von den Toten auferstanden war, verbrachte er vierzig Tage damit, ihnen das Thema des Reiches Gottes darzulegen (vgl. Apg 1,3). Auch Paulus verbrachte am Ende seines Lebens zwei Jahre damit, über das Reich Gottes zu predigen und zu lehren (vgl. Apg 28,30.31).

Das Hauptthema der frühen Kirche war das Reich Gottes. Es scheint ziemlich klar, dass dabei der Charakter des Reiches stark betont wurde. Heutzutage wird dagegen ein großer Schwerpunkt auf die Autorität im Reich Gottes gelegt, während der dem Reich Gottes gemäße Charakter nur wenig betont wird.

Wie sehr sehnt sich doch der Herr danach, dass seine Nachfolger allen Menschen auf der Welt sein Herz offenbaren. Als Jesus seinen Jüngern mitteilte, dass man ihn misshandeln würde, dass er leiden, sterben und dann wiederauferstehen werde, war es oft so, dass sie nebenbei darüber stritten, wer der Größte im Reich Gottes sei. Jesus, der die Gedanken ihres Herzens und ihre Blindheit in Bezug auf die Wege seines Reiches erkannte, sprach dann liebevoll mit ihnen und rügte sie mit einem Gleichnis über die beiden sich entgegenstehenden Königreiche. Er erklärte ihnen, wie völlig unterschiedlich diese in ihren Wegen und Charaktereigenschaften waren.

> *Es entstand aber auch ein Streit unter ihnen, wer von ihnen für den Größten zu halten sei. Er aber sprach zu ihnen: Die Könige der Nationen herrschen über sie, und die Gewalt über sie üben, lassen sich Wohltäter nennen. Ihr aber nicht so! Sondern der Größte unter euch sei wie der Jüngste und der Führende wie der Dienende. Denn wer ist größer, der zu Tisch Liegende oder der Dienende? Nicht der zu Tisch Liegende? Ich aber bin in eurer Mitte wie der Dienende. Ihr aber seid es, die mit mir ausgeharrt haben in meinen Versuchungen; und ich verordne euch, wie mein Vater mir verordnet hat, ein Reich* (Luk 22,24-29).

Die Reiche dieser Welt sind auf ganz anderen Prinzipien aufgebaut, wie zum Beispiel, dass die Könige, die die meisten Diener haben, als die größten angesehen werden. Das Reich Gottes ist das genaue Gegenteil. Der „Chef" ist derjenige, der allen dient, und der Kleinste wird der Größte von allen sein.

Jesus musste immer wieder die Wege des Reiches Gottes offenbaren, die den Wegen dieser irdischen Königreiche entgegengesetzt waren.

In seinem Reich führt der Weg nach oben abwärts; der Weg nach unten führt aufwärts; der Weg zu den Größten ist, der Letzte und Kleinste zu sein; die Törichten setzen die Weisen in Erstaunen; die Schwachen beseitigen die Starken; und die, die nichts sind, ersetzen die, die in ihren eigenen Augen etwas sind (vgl. 1 Kor 1,27-30).

An einem anderen Tag kam Jesus einfach zu ihnen und sagte: *Wahrlich, ich sage euch, wenn ihr nicht umkehrt und werdet wie die Kinder, so werdet ihr keinesfalls in das Reich der Himmel hineinkommen* (Mt 18,3). Er sagte ihnen damit, sie bräuchten eine völlig neue Gesinnung. Ihre Denkweise musste vollständig verändert werden, und sie mussten in ihrer Haltung darüber, wer der Größte im Reich der Himmel war, bekehrt werden. Sich zu demütigen sollte ihr Schlüssel sein, um in seinem Reich groß zu sein (vgl. Mt 18,1-4). Ich glaube nicht, dass Jesus sie jemals zurechtwies, weil sie den Wunsch hatten, im Reich des Himmels groß zu sein, aber er musste einfach ihre gesamte Vorstellung von seinem Reich gegenüber den anderen Reichen dieser Welt korrigieren.

Auch heute höre ich, wie der Geist Gottes dem Leib Christi verkündet: „Wenn ihr nicht umkehrt und eure Denkweise ändert, könnt ihr nicht in das Himmelreich kommen!" Die neue Gesinnung von Gottes Königreich muss angezogen werden, um die Wirklichkeit dieses himmlischen Reiches zu erleben. Diese Änderung der Einstellung bedeutet einfach, dass es Zeit ist, diese Gesinnung in uns zu haben, die auch in Christus Jesus war. Die Gesinnung Christi ist die größte Offenbarung des Herzens Gottes, und sie ist auch die Demonstration der Schönheit der Herrlichkeit!

Im Innern der Gesinnung Christi ist genau der Charakter des innersten Herzens des Königs. Im Innern der Gesinnung Christi ist das volle Leben Gottes, einschließlich seiner Weisheit und seiner Autorität. Die vollständige Erkenntnis über das Wesen Gottes finden wir in seiner Gesinnung, und die volle Offenbarung meiner wahren Identität als ein Sohn Gottes ist ebenfalls in der Gesinnung Christi enthalten. Welch ein herrliches Geschenk und Vorrecht, diese Gesinnung in mir sein zu lassen.

Durch das Kreuz besiegte Jesus Christus alle Macht, die Satans Wesen des Stolzes über die Nationen hatte, um sie zu schwächen und zu zerstören. Der wahre Monarch hat alles zurückgewonnen, was Adam verloren hatte. Er regiert jetzt als der Erhöhte zur Rechten seines Vaters in Herrlichkeit. Und er will, dass sein Leib auf der Erde seinen Triumph in dieser Welt offenbart.

Wir werden die Gesinnung Christi im nächsten Kapitel noch tiefer untersuchen.

***Deine Augen werden den König schauen in seiner Schönheit.***

Jesaja 33,17a

KAPITEL 7

# Das in Christus offenbarte niedrige Herz Gottes

Hat der Herr einmal die Augen unseres Herzens geöffnet (vgl. Eph 1,18), sodass wir die Herrlichkeit des Kreuzes bzw. das zerflossene Herz Gottes, wie es auf Golgatha offenbart wird, sehen, dann wählen wir die vor uns liegende Freude (vgl. Heb 12,2). Statt unsere Rechte zu beanspruchen und unsere Sache zu verteidigen, wählen wir den Weg des Kreuzes unseres Herrn.

Es gibt ein Lied, das in der Wüste zu singen ist: *Darum: Siehe, ich werde sie locken und sie in die Wüste führen und ihr zu Herzen reden. Dann gebe ich ihr von dort aus ihre Weinberge und das Tal Achor als Tor der Hoffnung. Und dort wird sie willig sein wie in den Tagen ihrer Jugend und wie an dem Tag, als sie aus dem Land Ägypten heraufzog. Und es wird geschehen an jenem Tag, spricht der HERR, da rufst du: Mein Mann! Und du rufst mich nicht mehr: Mein Baal!* (Hos 2,16-18).

Wenn ich das Herz der Niedrigkeit wähle, dann entscheide ich mich dafür, in allen Umständen dankbar zu sein; ich werde in meiner Wüste singen und in meinem Herzen „singen und spielen“. Selbst in der Wüste singt Gottes Geliebte ein Lied der Liebe und Dankbarkeit für ihren Geliebten. Sie braucht nichts, das sie zufriedenstellt, weil sie schon die zufriedenstellende Freude seiner Liebe hat, und das genügt ihr.

Nur die Gesinnung Christi erfreut sich am Lied (des Liebhabers des Lammes) in der Wüste. Paulus und Silas fanden dieses Lied in ihrer „Wüste“ im Gefängnis und freuten sich; und der Himmel freute sich ebenfalls und kam herab; und die Erde bebte, und die Gefängnistore brachen auf, und sie alle waren frei!

Die Niedrigkeit der Gesinnung hat zur Folge, dass wir völlig frei werden von den Gebundenheiten der Verzweiflung, der Entmutigung und der Schwere. Es gibt ein Lied in der Wüste, und die Gesinnung Christi wird sich in der Wüste immer für dieses Lied entscheiden. Die Gesinnung Christi kritisiert nicht, ärgert sich nicht und murrt auch nicht in der Wüste. Sie freut sich und verherrlicht allein Gott (vgl. Phil 2,14.15). Die fleischliche Gesinnung murrt in der Wüste, aber die Gesinnung des Geistes Christi freut sich immer und sagt Dank für alles – auch für die Wüste! Wenn wir im Fleisch wandeln, manifestiert sich die fleischliche, weltliche Gesinnung; und wenn wir im Geist wandeln, manifestiert sich die Gesinnung Christi!

Durch den Propheten Hosea sagte Gott, sein Volk solle ihn „mein Mann“ (vgl. Hos 2,18) nennen. Dieses Volk, das in der Wüste singt, sieht Gott als seinen Ehemann. Es will mit seinem Herzen eins sein, und es will singen, so, wie auch er sang, kurz bevor er ans Kreuz ging. Er ging in seine extreme Wüste von Gethsemane mit einem Lied hinein (vgl. Mk 14,26). Die Braut verlangt danach, mit dem schönen Bräutigam eins zu sein, und deshalb sehnt sie sich danach, seine Schönheit zu offenbaren, indem sie während der Prüfungen des Lebens singt!

Jakobus 3 beschreibt zwei Arten der Weisheit, von denen jede ihre eigene Gesinnung hat! Die Gesinnung des Fleisches, die als weltliche Gesinnung bekannt ist, ist irdisch, sinnlich und dämonisch (vgl. Jak 3,15). Sie ist im Stolz verwurzelt, und ihre Frucht ist Zank, Neid, Eifersucht und Zwietracht (vgl. Gal. 5,20). In Sprüche 13,10 steht, dass Zwietracht und Streit nur durch Stolz kommen. Jakobus sagt, dass dort, wo es Eifersucht und Eigennutz gibt, Verwirrung und jedes böse Werk ist (vgl. Jak 3,16). In der Weisheit dieser Welt steckt die Gesinnung des Bösen. Sie dreht sich um Eigennutz und regiert dieses Weltsystem. Diese fleischliche Gesinnung kann die Gesinnung Christi nicht empfangen, weil das Fleisch die Dinge des Geistes nicht empfangen kann, da man diese geistlich erkennt. *Die Weisheit von oben aber ist erstens rein, sodann friedvoll, milde, folgsam, voller*

*Barmherzigkeit und guter Früchte, unparteiisch, ungeheuchelt* (Jak 3,17).

Die Weisheit des Himmels ist voll göttlicher Erkenntnis und Christus-gemäßem Charakter, wie zum Beispiel Sanftmut, Niedrigkeit und ein mitfühlendes Herz. Die Frucht göttlicher Weisheit ist vollkommener Friede und bringt in den Herzen derer, die sie empfangen, immer Friede hervor. Die Frucht irdischer Weisheit ist Verwirrung und Zwietracht.

Die fleischliche Gesinnung erfreut sich an fleischlicher, irdischer, dämonischer Weisheit, und sie hasst das Herz und die Gesinnung Gottes in Christus.

> *Denn die Gesinnung des Fleisches ist Tod, die Gesinnung des Geistes aber Leben und Frieden* (Röm 8,6).

Diese Gesinnung ist auf die Natur, Weisheit und den Charakter des Fleisches gerichtet. Jesus sagte: *Das Fleisch nützt nichts* (Joh 6,63b).

Die Gesinnung Christi dagegen ist auf die Dinge des Geistes Gottes gerichtet. Diese Gesinnung möchte Gott gefallen; sie freut sich an den Wegen Gottes, ist von Gott erfüllt und voller Leben und Frieden (vgl. Röm 8,6b). Die Kirche Jesu Christi lebt in einer Zeit, in der es jetzt unbedingt nötig ist, *diese Gesinnung in uns zu haben* (Phil 2,5a). Das zweite Kapitel des Philipperbriefes beschreibt das eigentliche Wesen dieser Gesinnung Christi.

> *Wenn es nun irgendeine Ermunterung in Christus [gibt], wenn irgendeinen Trost der Liebe, wenn irgendeine Gemeinschaft des Geistes, wenn irgendein herzliches [Mitleid] und Erbarmen, so erfüllt meine Freude, dass ihr dieselbe Gesinnung und dieselbe Liebe habt, einmütig, eines Sinnes seid, nichts aus Eigennutz oder eitler Ruhmsucht [tut], sondern dass in der Demut einer den anderen höher achtet als sich selbst; ein jeder sehe nicht auf das Seine, sondern ein jeder auch auf das der anderen! Habt diese Gesinnung in euch, die auch in Christus Jesus [war], der in Gestalt Gottes war und es nicht für einen Raub hielt, Gott gleich zu sein. Aber er machte sich selbst zu nichts und nahm Knechtsgestalt an, indem er den Menschen gleich geworden ist, und*

> *der Gestalt nach wie ein Mensch befunden, erniedrigte er sich selbst und wurde gehorsam bis zum Tod, ja, zum Tod am Kreuz. Darum hat Gott ihn auch hoch erhoben und ihm den Namen verliehen, der über jeden Namen ist, damit in dem Namen Jesu jedes Knie sich beuge, der Himmlischen und Irdischen und Unterirdischen, und jede Zunge bekenne, dass Jesus Christus Herr ist, zur Ehre Gottes, des Vaters. Daher, meine Geliebten, wie ihr allezeit gehorsam gewesen seid, nicht nur wie in meiner Gegenwart, sondern jetzt [noch] viel mehr in meiner Abwesenheit, bewirkt euer Heil mit Furcht und Zittern! Denn Gott ist es, der in euch wirkt sowohl das Wollen als auch das Wirken zu [seinem] Wohlgefallen. Tut alles ohne Murren und Zweifel, damit ihr tadellos und lauter seid, unbescholtene Kinder Gottes inmitten eines verdrehten und verkehrten Geschlechts, unter dem ihr leuchtet wie [Himmels-]Lichter in der Welt* (Phil 2,1-15).

Vers 5 sagt: *Habt diese Gesinnung in euch, die auch in Christus Jesus [war].* Die Gesinnung Christi, die ich in mir haben soll, hat verschiedene Attribute. Vers 2 sagt: „Habt dieselbe Gesinnung und dieselbe Liebe, seid einmütig, eines Sinnes." Diese Gesinnung ist die Gesinnung des Hauptes, des Sohnes Gottes. Sie soll den gesamten Leib regieren. Vers 3 sagt, dass diese Gesinnung nichts tut „aus Eigennutz oder eitler Ruhmsucht", sondern in einer niedrigen Gesinnung wird jeder die anderen höher achten als sich selbst. Dieses Höher-Erachten anderer als sich selbst bringt in jede Umgebung Mitgefühl und Niedrigkeit, wie zum Beispiel in eine Familie, an einen Arbeitsplatz oder in eine christliche Gemeinschaft. Wenn ich andere höher achte als mich selbst, dann werde ich andere nicht beneiden, werde anderen gegenüber nicht kritisch sein und werde auf andere im Leib Christi nicht herabsehen oder sie verachten. Vers 4 sagt, dass jeder die Interessen anderer im Leib beachten soll. Mit anderen Worten, wenn ich diese Gesinnung in mir habe, dann verliere ich den individuellen Fokus und bekomme den gemeinschaftlichen Fokus. Ich sehe dann den Leib Christi und sehe Brüder und Schwestern in Christus als Glieder meines eigenen Leibes. Deshalb betrifft das, was mich betrifft, immer auch den Rest des Leibes. Vers 5 sagt, dass ich diese Gesinnung in mir haben soll. Der Leib Christi wird nun immer schöner anzusehen sein, da er sein Leib ist.

Dieses Wort „Gesinnung" bezieht sich auf eine innere Einstellung bzw. einen Geist, der hinter den Gedankenprozessen des Verstandes wirkt. Vers 5 sagt, dass Christus, obwohl er Gott war, an seinen Rechten als Gott nicht festhielt. Das bedeutet, dass diese Gesinnung an ihren Rechten nicht festhält, selbst als Kind Gottes; sondern stattdessen entscheidet sich der Gläubige wie sein Herr, seine Rechte niederzulegen, damit andere mit dem Herzen und der Zuneigung Gottes gesegnet werden. Vers 7 sagt, dass diese Gesinnung sich selbst keinen Namen macht. Sie trachtet nicht danach, ein Selbstbild oder einen Ruf zu wahren. Charakter ist, was jemand in den Augen Gottes ist, und Ruf ist das, was jemand in den Augen anderer ist. Wir sollten kein Verlangen danach haben, in den Augen anderer auf eine bestimmte Weise gesehen zu werden. Unser einziges Verlangen sollte sein, allein in den Augen Gottes echt und ehrlich zu sein! Der nächste Aspekt dieser Gesinnung, die sich selbst keinen Namen macht, ist, dass sie die Gestalt eines Dieners annimmt.

Die Gesinnung des Fleisches lebt durch den äußeren Anschein. Sie versucht ein falsches Bild von sich selbst zu projizieren und tut dies, indem sie sich ein falsches, nettes Aussehen gibt! Die Gesinnung Christi jedoch erfreut sich daran, einfach das äußere Aussehen eines Dieners anzunehmen. Andere werden ihn dann als Diener erkennen.

Bis zum jetzigen Zeitpunkt hat die Kirche auf Leute herabgesehen, die wie Diener und unwichtig aussehen. Sie sehen einfach nur ganz normal aus und versuchen nicht, ein gutes Bild zu projizieren. Stattdessen projizieren sie das Bild des Niedrigen und Sanftmütigen (d. h. Jesu). Eine solche Gesinnung hat eine innere Schönheit. Unser König nahm die äußere Form eines Sklaven an, und der Apostel Paulus sagte von sich selbst, er sei ein Knecht Christi.

Diese Gesinnung sieht Dienen als eine ehrbare, angesehene Position im Reich Gottes. Jesus nahm bewusst die äußere Gestalt von etwas auf sich, von dem er wusste, dass diese Welt es verachten würde. Diese Gesinnung erkennt die folgende Wahrheit: *Und das Unedle der Welt und das Verachtete hat Gott auserwählt* (1 Kor 1,28).

Wenn ich in der Gesinnung Christi lebe, habe ich keine Probleme mit Leuten, die mich ablehnen, verachten oder verspotten. Diese Gesinnung entscheidet sich in Wirklichkeit, in den Augen dieser Welt in eine niedrige Stellung versetzt zu werden. Sie fühlt sich auch nicht erniedrigt, wenn sie anderen dient. Diese Welt steht unter dem bösen Fürsten der Macht der Luft; deshalb wird in ihr Stolz und Ehre von anderen groß geschrieben. Jesus sagte: *Wie könnt ihr glauben, die ihr Ehre voneinander nehmt und die Ehre, die von dem alleinigen Gott ist, nicht sucht?* (Joh 5,44). Philipper 2,8 beschreibt diese niedrige Gesinnung Christi so, dass sie in ihrer Haltung immer tiefer herabgeht. Zuerst demütigte er sich, um ein Mensch zu werden; dann demütigte er sich selbst als Mensch; dann demütigte er sich zur allerverachtetsten Form der Todesstrafe für einen Juden – gekreuzigt zu werden. Bei seinem letzten Akt des Gehorsams hing er im Grunde genommen nackt an einem abscheulichen Kreuz, und es standen viele Zuschauer dabei, die ihn bei seinem Tod verspotteten, verachteten, lästerten und verfluchten! Kann jemand noch niedriger sein? Diese Gesinnung ist wahrhaftig von einer Schönheit durchdrungen, die nach irdischen Maßstäben nicht als schön angesehen wird, sondern nur von Gott selbst hochgeachtet wird (vgl. Jes 53,2.3). Liebe Leser, tief im Innern von Gottes geheimem Herzen befindet sich eine extreme Tiefe der Niedrigkeit und Demut! Was von Menschen hochgeachtet wird, ist für Gott ein Gräuel.

Das Leben in einer gefallenen Welt hat zur Folge, dass jeder Mensch durch andere verletzt wird. Selbst der Sohn des Menschen wurde im Haus seiner Freunde verletzt (vgl. Sacharja 13,6). Das verletzte Herz wird nur dann zu einem sündigen Herzen, wenn die verletzte Person sich dafür entscheidet, im Stolz zu reagieren; dies setzt dann Bitterkeit und Hass, Neid und Boshaftigkeit frei. Eine andere Reaktion auf eine Verletzung durch andere ist, den niedrigen, mitfühlenden Geist Jesu zu empfangen, diejenigen, die einen verletzt haben, zu lieben und ihnen zu vergeben! Dies ist das zerbrochene und zerknirschte Herz, das Gott so gerne sieht (vgl. Jes 57,15; 66,2; Psalm 34,18; 51,17). Der Vater sieht die Schönheit seines Sohnes im Herzen dessen, der sich entscheidet, diejenigen, die ihn verletzt haben, nicht zu hassen.

Dieses ganze Weltsystem hat seine Wurzeln in einem Geist, der dem Geist des allerhöchsten Gottes völlig entgegensteht! Betrachten Sie, was unser Herr in seiner Bergpredigt lehrt:

> *Glückselig die Armen im Geist, denn ihrer ist das Reich der Himmel. Glückselig die Trauernden, denn sie werden getröstet werden. Glückselig die Sanftmütigen, denn sie werden das Land erben. Glückselig, die nach der Gerechtigkeit hungern und dürsten, denn sie werden gesättigt werden. Glückselig die Barmherzigen, denn ihnen wird Barmherzigkeit widerfahren. Glückselig, die reinen Herzens sind, denn sie werden Gott schauen. Glückselig die Friedensstifter, denn sie werden Söhne Gottes heißen. Glückselig die um Gerechtigkeit willen Verfolgten, denn ihrer ist das Reich der Himmel. Glückselig seid ihr, wenn sie euch schmähen und verfolgen und alles Böse lügnerisch gegen euch reden werden um meinetwillen. Freut euch und jubelt, denn euer Lohn ist groß in den Himmeln; denn ebenso haben sie die Propheten verfolgt, die vor euch waren. Ihr seid das Salz der Erde; wenn aber das Salz fade geworden ist, womit soll es gesalzen werden? Es taugt zu nichts mehr, als hinausgeworfen und von den Menschen zertreten zu werden* (Mt 5,3-13).

Welchen Geruch gibt ein Gläubiger von sich? Paulus sagt: *Gott aber sei Dank, der uns allezeit im Triumphzug umherführt in Christus und den Geruch seiner Erkenntnis an jedem Ort durch uns offenbart! Denn wir sind ein Wohlgeruch Christi für Gott unter denen, die errettet werden, und unter denen, die verlorengehen* (2 Kor 2,14.15). Dieser Geruch ist ja der Duft von Christus selbst in der Schönheit seiner Heiligkeit. Der Gläubige, der die Bergpredigt durch Jesu eigenes Leben und Geist in sich leben lässt, ist ein wunderbarer, süßer Duft Jesu für die Menschen in seiner Umgebung. Für manche riecht er nach Tod, weil sie ein im Stolz verwurzeltes Leben führen, aber für andere setzt er genau den Duft ihres Herrn frei, und ihre Herzen werden zu ihm hingezogen. Vergessen Sie nicht, dass es das Leben **eines anderen** ist, das durch seinen Leib freigesetzt wird!

Das niedrige Herz Jesu sagt: *Glückselig die Armen im Geist, denn ihrer ist das Reich der Himmel.*

Der Geist dieser Welt sagt: „Verflucht sind die Armen im Geist, denn ihnen gehört das Reich des Elends und des Kummers."

Das niedrige Herz Jesu sagt: *Glückselig die Trauernden, denn sie werden getröstet werden.*

Der Geist dieser Welt sagt: „Verflucht sind die Trauernden, denn sie sollten immer stark aussehen und den Eindruck erwecken, sie hätten keine Probleme."

Jesus sagt: *Glückselig die Sanftmütigen, denn sie werden das Land erben.*

Der Geist dieser Welt sagt: „Verflucht sind die Sanftmütigen, denn andere werden sie ausnutzen."

Jesus sagt: *Glückselig, die nach der Gerechtigkeit hungern und dürsten, denn sie werden gesättigt werden.*

Der Geist dieser Welt sagt: „Verflucht sind, die nach der Gerechtigkeit hungern und dürsten, denn sie werden verrückt werden und in dieser Welt keinen Spaß haben."

Jesus sagt: *Glückselig die Barmherzigen, denn ihnen wird Barmherzigkeit widerfahren.*

Der Geist dieser Welt sagt: „Verflucht sind die Barmherzigen, denn andere erhalten nicht das, was sie verdienen."

Jesus sagt: *Glückselig, die reinen Herzens sind, denn sie werden Gott schauen.*

Aber der Geist dieser Welt sagt: „Verflucht sind, die reinen Herzens sind, denn sie werden ihr ganzes Leben damit verschwenden, Gott dienen zu wollen."

Jesus sagt: *Glückselig die Friedensstifter, denn sie werden Söhne Gottes heißen.*

Aber der Geist dieser Welt sagt: „Verflucht sind die Friedensstifter, denn es sind schwache, feige Leute, auf denen alle anderen herumtrampeln werden."

Das niedrige Herz von Jesus sagt: *Glückselig die um Gerechtigkeit willen Verfolgten, denn ihrer ist das Reich der Himmel.*

Aber der Geist dieser Welt sagt: „Verflucht sind die um Gerechtigkeit willen Verfolgten, denn Gott kümmert es nicht, wie sehr sie unter den Händen der Gottlosen leiden."

Ein niedriges Herz sieht das Gesamtbild – den ewigen Wert eines jeden, der leidet –, aber der gottlose, stolze Geist sieht nur die zeitliche, momentane Situation. Die „Amplified Bible" beschreibt das Wort „gesegnet" folgendermaßen: glücklich, beneidenswert und voller geistlichem Leben; Freude und Zufriedenheit durch Gottes Gunst und Rettung, unabhängig von den äußeren Bedingungen. Diese Predigt kann nur von Jesus selbst gelebt werden, wenn ein Gläubiger zulässt, dass er (Jesus) sich selbst durch sein Herz zum Ausdruck bringt! Dieser enorme Glückszustand und dieses fröhliche, blühende Leben gilt jenen, die entsprechend dem niedrigen Herzen Gottes leben. Der Apostel Paulus schrieb, wir sollten unser Leben *mit aller Demut und Sanftmut* führen (vgl. Eph 4,2). Wenn ein Gläubiger das niedrige Herz Jesu in sich empfängt, wird er anfangen zu fühlen, was Jesus anderen gegenüber fühlt. Zum Beispiel wird das Herz Jesu zu den Verbrechern gezählt, bevor es für diese Fürbitte tut (vgl. Jes 53,12).

Eine Person, die sich dafür entscheidet, das Herz Jesu zu haben, fühlt den Schmerz, den Missbrauch und die Umstände, die das Leben einer Person umgeben, einschließlich aller Verletzungen und Gebundenheiten, in denen diese aufgewachsen ist. Jesus kann die Narben der Leute sehen – die Ängste, den Ärger und die Schuld in ihrem Innern. Jesus sah den reichen jungen Herrscher an und hatte Mitleid mit ihm; andere sahen ihn ebenfalls an und fühlten wahrscheinlich Neid. Jesus sah die Prostituierten an und liebte sie; andere sahen sie an und fühlten wahrscheinlich Verachtung, machten Vorwürfe und hatten das Verlangen, sie zu missbrauchen und zu benutzen. Dieses schöne, niedrige Herz Jesu bewirkt, dass wir wie Jesus sehen und fühlen; und anstatt zu versuchen, die Leute in Ordnung zu bringen, wird diese Gesinnung fähig sein, sich mit den Sünden der Welt zu identifizieren und die Auswirkungen, die die Sünde auf andere gehabt hat, zu erkennen. Stolz sieht nur seine eigenen Bedürfnisse und Verletzungen, und der Rest der Welt mit all seiner Zerbrochenheit und seinem Schmerz ist ihm egal. Liebe

Leser, wenn Sie sich entschließen, dass Jesus Christus sein niedriges Leben durch Ihr Herz leben darf, dann sind Sie mehr als alle anderen Menschen gesegnet!

Das Herz Jesu versteht, wie gesegnet es ist, wenn es die Liebe und das Mitgefühl des Vaters einer betrogenen, verirrten Welt offenbart, die es verleumdet, verfolgt und alles mögliche Böse gegen es sagt. Der Geist dieser Welt glaubt, dass ihn andere respektieren, immer ehren und als etwas Besonderes behandeln sollen; und wenn man dies nicht tut, dann ist er beleidigt. Die gesamte Bergpredigt ist eine vollständige Offenbarung des sanftmütigen und niedrigen Herzens Jesu und **nur** der Geist bzw. die Gesinnung, die in Christus ist, kann diese Predigt leben! Die Gesinnung bzw. der Geist dieses bösen Weltsystems verachtet die Bergpredigt und sagt, sie sei heute nicht anwendbar! Als die Frau ihr Parfüm über Jesus ausgoss, war der Duft so lieblich, dass er sagte, man werde diese Geschichte überall, wo das Evangelium verkündet werde, erzählen. Das ausgegossene Parfüm stellte das ausgegossene Leben und den ausgegossenen Ruf dieser kostbaren Frau dar.

Welche Art von Duft setzt mein Herz in meine Umgebung frei? Paulus sagt in Philipper 2,9 wegen der Gesinnung, die der Sohn Gottes in sich trug: *Darum hat Gott ihn auch hoch erhoben und ihm den Namen verliehen, der über jeden Namen ist.* In der Bibel verweist der Name eines Menschen auf dessen Charakter; und deshalb hat Gott den Charakter der Niedrigkeit in der Gesinnung Christi, seines Sohnes, hoch erhöht!

Jesus bezeichnete sich selbst als Wurm. Der Heilige Geist nennt auch seine Kinder Würmer (vgl. Ps 22,6; Jes 41,13.14). In Jesaja 41,15.16 wird uns gesagt, was der Herr, der allmächtige Gott, mit Jakob, dem Wurm, tun wird: *Siehe, ich habe dich zu einem scharfen, neuen Dreschschlitten gemacht, mit Doppelschneiden versehen: du wirst Berge dreschen und zermalmen und Hügel der Spreu gleichmachen. Du wirst sie worfeln, und der Wind wird sie forttragen und der Sturm sie zerstreuen. Du aber, du wirst jubeln in dem HERRN und dich rühmen in dem Heiligen Israels.* Können Sie sich vorstellen, dass ein kleiner, winziger Wurm Berge *zermalmt* und sie zu Spreu macht? Der Plan des Herrn ist, die schwachen Dinge zu nehmen und sie zu benutzen, um die Mächtigen in Erstaunen zu versetzen, und die Dinge, die nichts sind, zu nehmen, um die Dinge zu beseitigen, die etwas sind (vgl. 1 Kor 1,27.28).

Dem Herrn gefällt es, sich in den Schwachen und Kleinen stark zu erweisen. Wenn ein Christ die Gesinnung Christi annimmt, dann entscheidet er sich dafür, Niedrigkeit zu seinem Ziel zu machen, und er entscheidet sich, den hohen Weg zu nehmen, auf dem der Herr selbst gerne unterwegs ist. Es gibt einen Weg, der einem Menschen richtig erscheint, der aber zum Verderben führt; und es gibt einen schmalen Weg, der zum Leben führt, und nur wenige werden ihn je wirklich finden (vgl. Spr 14,12; Mt 7,13.14).

Ich definiere Sanftmut als sanfte Reaktion angesichts von Widerstand. Sanftmut ist eine der mächtigsten Äußerungen von Macht, die dem Menschen möglich ist. Der Gott dieser Welt überzeugt die Menschen, Stärke und physische Kraft seien der Weg, um in dieser Welt zu überwinden und voranzukommen; aber zurückschlagen, wenn ihn jemand geschlagen hat, kann jeder. Ein sanftmütiger Mann hält stand und liebt und vergibt demjenigen, der ihm ins Gesicht spuckt oder ins Gesicht schlägt; und dieser sanftmütige Mann wird sein Herz und seinen Willen völlig beherrschen. Jesus Christus hatte die volle Kontrolle über sein Leben und seinen Tod. Er sagte, kein Mensch könne sein Leben nehmen. Er gab sein Leben; der Mensch nahm es ihm nicht! Wie erstaunlich mächtig ist doch die Sanftmut, da sie nicht zulässt, dass ihr Widersacher und Gegner irgendeine Autorität über sie hat. Für einen Zuschauer mag es so aussehen, als habe jemand, der Gewalt anwendet, das Sagen, aber innerlich hat er vielleicht schreckliche Angst und Sorge. Auf die gleiche Weise kann ein Zuschauer Sanftmut in einer Person als Angst, Sorge oder Einschüchterung sehen, während es sich in Wahrheit vielleicht so verhält wie bei dem, der wirklich sanftmütig ist. Er ist völlig Herr der Lage und hat vollkommenen Frieden und vollkommene Liebe in seinem Herzen.

Das Wort für „Gesinnung“ in Philipper 2,5 bezieht sich auf eine innere Einstellung dem Leben gegenüber. Diese Einstellung wurde durch viele Entscheidungen geformt und wurde deshalb zu einem festen Bestandteil der inneren Gedankenmuster einer

Person. Das Wort für Gesinnung beschreibt eigentlich die Kraft, die hinter dem steckt, wie jemand denkt. Auf das bezieht sich auch Paulus in Epheser 4,23, als er sagt, dass wir „im Geist unserer Gesinnung erneuert werden müssen". Dieses Wort Gesinnung ist mehr als Gedanken. Es schließt auch Gefühlsregungen des Herzens, Einstellungen und innere Beweggründe mit ein. Es kommt der Bedeutung des Wortes **Herz** sehr nahe. Der Heilige Geist sagt also, dass wir im Geist unserer Gesinnung erneuert werden müssen. In der Vergangenheit schloss der Geist meiner Gesinnung Hochmut, Stolz, Eigennutz, Hintergedanken und Einbildung mit ein. Sind wir im Geist unserer Gesinnung erneuert, bedeutet das Niedrigkeit, echte Heiligkeit und Liebe.

Unser Herr besiegte Satan, überwand die mächtige Kraft der Sünde und erlöste mit diesem Geist der Niedrigkeit das gesamte Menschengeschlecht. Das geschlachtete Lamm hat gesiegt. In Offenbarung 5 heißt es, dass kein Mensch für würdig erfunden wurde, das Buch zu öffnen und zu lesen; und als Johannes weinte, sagte der Engel zu ihm: *Weine nicht! Siehe, es hat überwunden der Löwe aus dem Stamm Juda, die Wurzel Davids, um das Buch und seine sieben Siegel zu öffnen* (Offb 5,5). Dieser Löwe hat überwunden; doch als Johannes sich umwandte, um diesen triumphierenden, mächtigen Löwen zu sehen, sah er erstaunlicherweise ein geschlachtetes Lamm, aus dem die sieben Geister Gottes auf die ganze Erde ausgesandt wurden (vgl. Offb 5,6). Die sieben Geister Gottes wurden auf die ganze Welt ausgesandt, und sie kamen aus dem Kopf des geschlachteten Lammes!! Nach außen hin sehen wir eine starke, kräftige Manifestation des Löwen, aber im Innern ist das Herz eines Lammes! Möge der Überrest des Lammes, der ihm folgt, wo auch immer es hingeht, die Gesinnung Christi in der jetzigen Stunde anziehen! Vergessen Sie nicht, dass Jesus sagte: „Wenn ihr mich gesehen habt, dann habt ihr den Vater gesehen." Alles, was Jesus als sein Herz darstellte, war deshalb die Offenbarung des Herzens von Gott dem Vater.

***Deine Augen werden den König schauen in seiner Schönheit.***

Jesaja 33,17a

# KAPITEL 8

## Das Geheimnis des Charakters des Königs

Es ist an der Zeit, dass der Leib Christi sich vom Haupt regieren lässt. Wie kann Jesus mein Haupt sein, wenn mein Leben und mein Handeln immer noch von meiner fleischlichen Gesinnung bestimmt werden? Der Herr möchte, dass seine Gesinnung in mir ist. In seiner Gesinnung ist Niedrigkeit, Mitgefühl, Liebe, Heiligkeit, Demut, Weisheit, Führung und Glaube. Alles für das Leben und die Gottseligkeit ist in dieser niedrigen Gesinnung Christi enthalten. Unser Herr sagte, wir, seine Jünger, sollten den niedrigsten Platz bei einem Festessen einnehmen, damit der Gastgeber die Möglichkeit habe, uns an einen Platz weiter vorne zu setzen; wenn wir aber den höchsten Platz einnähmen, könne uns dies in Verlegenheit bringen, falls jemand anderes gebeten werde, an unserem Platz zu sitzen. Die Bergpredigt ist eine Botschaft über den Charakter des Reiches Gottes. Jesus will uns seine Vollmacht über alle Macht des Feindes geben (vgl. Luk 10,19), aber wir müssen seinen königlichen Charakter für uns selbst auch wollen. In seinem Geist ist der Charakter des Königs, und wir empfangen den Christus in unser Leben (vgl. 1 Kor 2,16), aber wir müssen uns auch dafür entscheiden, diese ganze Haltung und diesen edlen Charakter in uns haben zu wollen (vgl. Phil 2,5). Dieses Geheimnis tief im Herzen Gottes soll jetzt im Leben des Leibes des Sohnes Gottes empfangen und dort sichtbar werden! Jesus betonte ständig die Wege seines Reiches und wie wir im Reich der Himmel voranschreiten!

> *Der Größte aber unter euch soll euer Diener sein. Wer sich aber selbst erhöhen wird, wird erniedrigt werden; und wer sich selbst erniedrigen wird, wird erhöht werden* (Mt 23,11.12).

> *Sie aber verstanden dieses Wort nicht, und es war vor ihnen verborgen, dass sie es nicht begriffen; und sie fürchteten sich, ihn über dieses Wort zu fragen. Es stieg aber unter ihnen eine Überlegung auf, wer wohl der Größte unter ihnen sei. Als Jesus aber die Überlegung ihres Herzens erkannte, nahm er ein Kind und stellte es neben sich und sprach zu ihnen: Wer dieses Kind aufnehmen wird in meinem Namen, nimmt mich auf, und wer mich aufnehmen wird, nimmt den auf, der mich gesandt hat; denn wer der Kleinste ist unter euch allen, der ist groß* (Luk 9,45-48).

> *Und Jesus rief sie zu sich und spricht zu ihnen: Ihr wisst, dass die, welche als Regenten der Nationen gelten, sie beherrschen und ihre Großen Gewalt gegen sie üben. So aber ist es nicht unter euch; sondern wer unter euch groß werden will, soll euer Diener sein; und wer von euch der Erste sein will, soll aller Sklave sein. Denn auch der Sohn des Menschen ist nicht gekommen, um bedient zu werden, sondern um zu dienen und sein Leben zu geben als Lösegeld für viele* (Mk 10,42-45).

> *Als er nun ihre Füße gewaschen und seine Oberkleider genommen hatte, legte er sich wieder zu Tisch und sprach zu ihnen: Wisst ihr, was ich euch getan habe? Ihr nennt mich Lehrer und Herr, und ihr sagt recht, denn ich bin es. Wenn nun ich, der Herr und der Lehrer, eure Füße gewaschen habe, so seid auch ihr schuldig, einander die Füße zu waschen. Denn ich habe euch ein Beispiel gegeben, dass auch ihr tut, wie ich euch getan habe. Wahrlich, wahrlich, ich sage euch: Ein Sklave ist nicht größer als sein Herr, auch ein*

> *Gesandter nicht größer als der, der ihn gesandt hat. Wenn ihr dies wisst, glückselig seid ihr, wenn ihr es tut!* (Joh 13,12-17).

> *Denn er lehrte seine Jünger und sprach zu ihnen: Der Sohn des Menschen wird überliefert in der Menschen Hände, und sie werden ihn töten; und nachdem er getötet worden ist, wird er nach drei Tagen auferstehen. Sie aber verstanden die Rede nicht und fürchteten sich, ihn zu fragen. Und sie kamen nach Kapernaum, und als er im Hause war, fragte er sie: Was habt ihr unterwegs besprochen? Sie aber schwiegen; denn sie hatten sich auf dem Weg untereinander besprochen, wer der Größte sei. Und er setzte sich, rief die Zwölf, und er spricht zu ihnen: Wenn jemand der Erste sein will, soll er der Letzte von allen und aller Diener sein. Und er nahm ein Kind und stellte es in ihre Mitte; und er nahm es in seine Arme und sprach zu ihnen: Wer eins von solchen Kindern aufnehmen wird in meinem Namen, nimmt mich auf; und wer mich aufnehmen wird, nimmt nicht mich auf, sondern den, der mich gesandt* hat (Mk 9,31-37).

> *Jesus aber rief sie heran und sprach: Ihr wisst, dass die Regenten der Nationen sie beherrschen und die Großen Gewalt gegen sie üben. Unter euch wird es nicht so sein; sondern wenn jemand unter euch groß werden will, wird er euer Diener sein, und wenn jemand unter euch der Erste sein will, wird er euer Sklave sein; gleichwie der Sohn des Menschen nicht gekommen ist, um bedient zu werden, sondern um zu dienen und sein Leben zu geben als Lösegeld für viele* (Mt 20,25-28).

Jesus teilte den Jüngern oft mit, was er auf dem Herzen hatte, und offenbarte ihnen, dass er leiden müsse, dass er verspottet, verachtet und getötet werden und wieder auferstehen müsse. Aber jedes Mal, wenn Jesus versuchte, sein Leiden und die danach folgende Herrlichkeit zu offenbaren, hatten sie nur Ohren für die kommende Herrlichkeit und die Herrschaft des Reiches.

Sie konnten das Wort, das sein innerstes Herz der Niedrigkeit offenbarte, nicht „hören"! Oft fingen seine Jünger an darüber zu streiten und zu diskutieren, wer der Größte im Reich Gottes sein würde. Meist kam diese Debatte genau dann, wenn ihr Herr erläuterte, sein Weg führe immer tiefer hinab, um den Menschen in einer niedrigen Haltung zu dienen und sie zu lieben. Schließlich wurde Jesus dann deutlich und sagte zu seinen Jüngern, sie wüssten nicht, wie sein Reich funktioniere. Einmal sagte er zu einigen von ihnen sogar, sie wüssten nicht, welches Geistes Kinder sie seien! Gott der Herr verkündete, so hoch wie die Himmel über der Erde sei, seien seine Wege und seine Gedanken über denen der Menschen (vgl. Jes 55,8.9). Der Leib Christi wird jetzt aufgerufen, offen und voller Freude den Wegen und Gedanken ihres Hauptes – Christus selbst – zu folgen. *Und alles hat er seinen Füßen unterworfen und ihn als Haupt über alles der Gemeinde gegeben, die sein Leib ist, die Fülle dessen, der alles in allen erfüllt* (Eph 1,22.23).

Es ist an der Zeit, die eigentliche Wurzel aller Sünde und alles Bösen im Herzen der Menschen zu töten: Stolz. Die Axt (Holz bzw. Kreuz) wurde schon an die Wurzel der Bäume gelegt. Wir sind die Bäume des Feldes! Die Wurzel der menschlichen Natur ist der Stolz des Bösen; und er ist der Gott dieser Welt. Jesus kam und brachte uns die Macht seiner Gesinnung (Niedrigkeit), und in dieser niedrigen Gesinnung steckt die völlige Macht über allen Stolz und allen Hochmut. Haben Sie diese Gesinnung in Ihnen, liebe Leser!

Die Kernbedeutung des ursprünglichen Wortes für „Heiligkeit" ist, für Gottes Ziele und Pläne abgesondert zu sein; und nun ist die Zeit für den Leib Christi gekommen, vollständig geheiligt zu sein – abgesondert für das Herz Gottes – für die Ziele, den Charakter und die Tugenden seines heiligen Reiches. Am Anfang seines Lebens als neuer Gläubiger sagte der Apostel Paulus über sich: *Denn ich meine, dass ich den „übergroßen" Aposteln in nichts nachgestanden habe* (2 Kor 11,5). Später dann sagte er, er sei der *allergeringste von allen Heiligen* (Eph 3,8). Und gegen Ende seines Lebens sagte er schließlich: „Ich bin der erste der Sünder" (vgl. 1 Tim 1,15).

Wir sehen also, dass Paulus im Laufe seines Lebens Gottes Gnade immer tiefer verstand. Je größer die Offenbarung der Gnade ist, desto größer ist die Offenbarung der eigenen Verderbtheit. Ohne ihn kann ich nichts tun. Ohne die Gnade Gottes gibt es nichts Schlechtes, das ich nicht zu irgendeinem Zeitpunkt begehen könnte! Im Hohen Lied brachte der Bräutigam seine Geliebte in die geheimen Kammern seines Herzens, und an diesem Ort des reinen Lichts wurden ihr sowohl die Tiefen ihres eigenen geheimen Stolzes als auch die Ehrfurcht gebietende Schönheit des Herzens ihres Geliebten offenbart. Wenn Christus seine Geliebte in sein eigenes Herz bringt, wird sie seine extreme Niedrigkeit sehen. Wenn die Braut erkennt, dass das Wesen ihres Geliebten in seinem Kern Demut ist, dann wird sie verstehen, dass sein ganzer Umgang mit ihr seinem eigenen Herzen der reinen, selbstlosen Liebe für sie entsprungen ist! In diesem Licht wird sie das innere Wirken des Stolzes, der egoistischen Beweggründe, der Täuschungen, Tücke und Eigeninteressen erkennen, die sie bestimmt haben, und dann wird sie ausrufen: *Schwarz bin ich und doch anmutig* (Hohelied 1,5). Ich brauche die Gnade Gottes in jeder Sekunde meines Lebens, um wirklich in dieser Offenbarung der Wahrheit zu wandeln und die Realität der Niedrigkeit in meinem Herzen anzunehmen. Wie kann ich noch auf einen Bruder oder eine Schwester herabsehen und sie verachten für irgendein Vergehen, wenn ich mir wirklich bewusst bin, dass ich mich leicht des gleichen Vergehens schuldig machen kann; und wenn ich es nicht schon getan habe, dann doch nur aufgrund der Gnade Gottes in meinem Leben und nicht aufgrund meines eigenen Verdienstes oder Charakters.

Der Apostel Paulus sagte durch den Geist, wir müssten „erneuert werdet in dem Geist unserer Gesinnung" (vgl. Eph 4,23). Der Geist der Gesinnung ist die innere treibende Kraft hinter unserer Art zu denken. Was motiviert unsere Gedanken, Worte und Taten? Welcher unsichtbare Lebens- bzw. Todesatem arbeitet in unseren mentalen Gedankenprozessen? In der Kraft der Zunge ist Leben und Tod. Wenn in unserer Zunge also entweder Leben oder Tod wirkt bzw. durch sie gewirkt wird, dann gibt es sicherlich eine Kraft des Lebens bzw. des Todes, die in unseren Gedanken ebenfalls am Wirken ist.

Bevor wir errettet werden, findet sich innerhalb der Nichtigkeit unserer Gesinnung die Macht des Todes in Form von Stolz, Rebellion, Täuschung und Selbstzentriertheit (vgl. Eph 4,17-19). Nachdem wir errettet worden sind, sagt uns der Herr, dass es jetzt an der Zeit ist, dass wir verändert und im Geist unserer Gesinnung erneuert werden. Wir sollen den Geist Gottes so in unseren Gedanken wirken lassen, dass Gottes Herz des Mitgefühls, der Liebe und der Niedrigkeit alle Gedankenprozesse in unserem Kopf regiert. Paulus sagte sogar, um den geistlichen Kampf zu gewinnen, *zerstören wir ... jede Höhe, die sich gegen die Erkenntnis Gottes* ***erhebt,*** *und nehmen jeden Gedanken gefangen* (2 Kor 10,5).

Wenn mir nun irgendein sich selbst erhebender Gedanke in den Sinn kommt, dann soll ich ihn niederreißen, denn er kommt, um Verwirrung, Stolz und Bitterkeit in mein Herz zu bringen. Jeglicher Stolz entspringt den Gedanken unseres eigenen Herzens, das sich selbst erhoben hat (vgl. 1 Mo 8,21; Luk 1,51). Wenn wir die Wurzel des Stolzes in den Gedanken unseres Herzens ausreißen, dann wird die Frucht des Unglaubens und der Sünde gestoppt, bevor sie in uns den Tod hervorbringen kann (vgl. Jak 1,15). Paulus sagte, ein Christ müsse im Geist seiner Gesinnung erneuert werden (vgl. Eph 4,23). In Philipper 2,5a sagt Paulus, wir sollten „diese Gesinnung in uns haben"! In diesen beiden Bibelstellen schließt die Gesinnung etwas ein, das über die Gedanken hinausgeht. Zum Geist der Gesinnung gehört auch das „Warum", das hinter dem „Was" meiner eigentlichen Gedanken steht. Jemand kann zu einer anderen Person sagen: „Du siehst heute sehr gut aus", und der Geist hinter diesen Gedanken kann Mitgefühl, Demut und Liebe sein. Andererseits könnte jemand sagen: „Meine Güte, du siehst heute aber toll aus", und der Geist hinter diesen Gedanken könnte Begierde, Stolz und der Wunsch, das Ego des anderen zu stärken sein, mit der Absicht, die eigene Begierde ebenfalls zu befriedigen!

Ein weiteres Beispiel: Jemand kann zu einer wohlhabenden oder „geistlichen" Person hingehen und dieser anbieten, ihr auf eine bestimmte Weise zu dienen, und seine tiefe innere Motivation könnte sein, Anerkennung, Aufmerksamkeit und eine Belohnung zu erhalten! Demgegenüber verwendet jemand vielleicht dieselben Worte und bietet an, einem anderen zu dienen und zu helfen, der finanziell oder geistlich gesehen reich ist, und seine innere, treibende Kraft könnte sein, einfach nur zu dienen und ein Segen zu sein, ohne etwas dafür zu erwarten. Zwei Personen können dasselbe sagen und tun, und dabei völlig gegensätzliche Wünsche, Motive und Herzenshaltungen haben! Ich glaube, dass Paulus uns das vermitteln möchte, wenn er sagt: *Habt diese Gesinnung in euch, die auch in Christus Jesus [war]* (Phil 2,5) und *werdet erneuert in dem Geist eurer Gesinnung* (Eph 4,23). Wenn jemand die Gesinnung Christi empfängt, empfängt er in Wirklichkeit denselben Geist, der das Herz Jesu motivierte und befähigte, als er auf dieser Erde lebte. Im Hebräerbrief lesen wir, dass der ewige Geist Christus ermöglichte, sich selbst Gott als lebendiges Opfer darzubringen (vgl. Heb 9,14).

Ich kann einen klaren Ruf hören, der heute an die Kirche des lebendigen Gottes ergeht. Er sendet eine Botschaft an alle, die Ohren haben, zu hören: „Empfange wirklich das Wesen und Herz der Niedrigkeit meines Sohnes, damit er einen Leib hat, auf den er sein Haupt legen kann!" Zur Zeit Noahs wurde eine Taube ausgesandt; sie konnte weder landen noch Ruhe finden, bevor sie einen geeigneten Ruheplatz fand (vgl. 1 Mo 8,9). Als unser Herr sagte, wir würden vielleicht darum gebeten werden, uns an einen niedrigeren Platz zu setzen, nachdem wir den hohen Platz gewählt hätten, gab er uns eine Anleitung, wie wir durch Umstände nicht gedemütigt werden können. Unser Herr und Meister sagt uns, wir sollten den untersten Platz wählen – den Ort, an dem wir in unserem Leben nicht gedemütigt werden müssten. Gott demütigt mich von außen, aber er wird mich nie von innen her demütigen! Die Demütigung von innen muss von mir selbst ausgehen. Jedes Mal, wenn ich eine Demütigung erleide, ist es Gott, der meine Umstände lenkt oder zulässt, damit von außen her geschaffen wird, was ich hätte von innen her wählen sollen! Nur ich selbst kann mich von innen her demütigen; und wenn ich nicht den niedrigsten Platz wähle, wird wahrscheinlich eine Situation kommen, in der ich gezwungen bin, mich zu demütigen, weil ich mich nicht selbst demütigen wollte! Gott wird von außen nehmen, was ich mich weigerte, von innen zu geben.

Die Eifersucht Gottes ist Gottes Haltung gegenüber dem, was vollständig und ganz ihm gehört! Menschliche Eifersucht ist dagegen, wenn ich etwas haben will, was einem anderen gehört! Das eine ist göttliche Eifersucht, und das andere ist egoistische, gottlose Eifersucht, zu der eigentlich auch Neid gehört. Luzifer wollte, was ihm nicht gehörte. Er wollte die Herrlichkeit und Ehre und Anerkennung, die allein dem Schöpfer gehören! (vgl. Jes 48,11; 14,14). Das gleiche böse Herz ist dort am Werk, wo ein Gläubiger zulässt, dass gottlose Eifersucht und Neid in ihm wirken. *Denn wo Eifersucht und Eigennutz ist, da ist Zerrüttung und jede schlechte Tat* (Jak 3,16).

Was genau sind diese Dinge, die ausschließlich und vollständig Gott gehören? Es gibt zwei Dinge, die vollständig und ganz dem Herrn gehören: Seine Herrlichkeit und seine Braut. Von seiner Braut sagte er: „Sie gehört mir“, und wenn die Braut dies versteht, antwortet sie darauf mit den Worten: *Mein Geliebter ist mein, und ich bin sein* (Hohelied 2,16a). Seine Schönheit nimmt sie immer mehr in Beschlag (vgl. Ps 27,4), und ihr Herz sehnt sich danach, mit dem niedrigen, sanftmütigen, mitfühlenden Herz ihres Geliebten vereinigt zu sein! Tief im Herzen Gottes ist ein verzehrendes Feuer der eifersüchtigen Liebe für seine Braut (vgl. Hohelied 8,6). Das Feuer von Gottes Eifersucht verzehrt alle seine Feinde, insbesondere jene, die versuchen, seine Braut zu schikanieren, zu quälen und Ehebruch mit ihr zu begehen. David sagt, dass ein Feuer vor ihm her geht und alle seine Feinde verzehrt (vgl. Ps 97,3; Sach 8,1-3).

Das Feuer von Gottes eifersüchtiger Liebe ist nur für jene Feinde zerstörerisch, die versuchen, die Hingabe unseres Herzens von unserem Geliebten zu rauben. Die drei hebräischen Kinder (im Feuerofen) wurden durch dieses verzehrende Feuer ewiger, brennender Liebe nur gewärmt, geliebt und geschützt. Leider wurden die Feinde, die sie in diesen Feuerofen warfen, alle durch es zerstört (vgl. Daniel 3,13-26).

König David hatte wohl das zweite Objekt von Gottes eifersüchtigem Herz, d. h. seine Ehre bzw. Herrlichkeit, klar verstanden. Gott wird seine Herrlichkeit mit keinem anderen teilen.

Dein ist die Herrlichkeit, jetzt und für immer! Amen! Seine Herrlichkeit kommt ihm nie abhanden. Seine Herrlichkeit ist jene Ehre, Anerkennung und Anbetung, die vollständig, ganz und gar und auf ewig seinem großen Namen gehören. David hat das anscheinend verstanden, und vielleicht ist das der Grund, weshalb der Herr sagte: *Ich habe David gefunden, den Sohn Isais, einen Mann nach meinem Herzen, der meinen ganzen Willen tun wird* (Apg 13,22).

Lesen Sie einige der Psalmen Davids, wie zum Beispiel Psalm 115,1: *Nicht uns, HERR, nicht uns, sondern deinem Namen gib Ehre wegen deiner Gnade, wegen deiner Treue!* und auch Psalm 108,2: *Gefestigt ist mein Herz, o Gott! Ich will singen und spielen.*

Hier gibt David bekannt, dass sein Herz fest ist. Gott hatte Davids Herz fest gemacht aufgrund der vielen Entscheidungen, die er getroffen hatte, seinem Gott Lobpreis und Ehre zu geben. Selbst Davids Herrlichkeit pries Gott. Mit anderen Worten, was immer David in seinem Leben hätte benutzen können, um Ehre und Herrlichkeit für sich selbst zu bekommen, seien es seine musikalischen und gesanglichen Fähigkeiten oder seine Stärke, in den Kampf zu ziehen und viele Könige zu besiegen, was immer er hätte benutzen können, um sich selbst Ehre und Anerkennung zu verschaffen, all diese Dinge wurden nur für den einen Zweck benutzt: um Gott allein die Ehre zu geben!

> *Gebt dem HERRN, ihr Göttersöhne, gebt dem HERRN Herrlichkeit und Kraft! Gebt dem HERRN die Herrlichkeit seines Namens; betet an den HERRN in heiliger Pracht! Die Stimme des HERRN macht Hirschkühe kreißen und lässt Zicklein vorzeitig gebären ... Und in seinem Tempel ruft alles: Herrlichkeit!* (Ps 29,1.2.9).

David hatte verstanden, was König Herodes bestimmt nicht verstanden hatte. An einem bestimmten Tag gab dieser, herausgeputzt mit einem königlichen Gewand, eine Rede; und weil er die Ehre, die die Leute ihm darbrachten, selbst annahm, tötete ihn der Herr sofort und er wurde von Würmern gefressen (vgl. Apg 12,22.23).

Jesus sagte, dass jemand, der immer wieder die Ehre und Herrlichkeit annimmt, die ihm andere geben, noch nicht einmal fähig ist, zu glauben, wer er (d. h. Jesus) ist. Joh 5,44 sagt: *Wie könnt ihr glauben, die ihr Ehre voneinander nehmt und die Ehre, die von dem alleinigen Gott ist, nicht sucht?*

Ich habe mit der Zeit erkannt, dass tief in meinem Herzen eine Sehnsucht ist, von Menschen geehrt zu werden; und je mehr ich danach trachte, diese Ehre zu bekommen, die mein ungeheiltes, unvollkommenes Herz sucht, desto weniger suche und verlange ich wirklich nach der Ehre, die nur von Gott kommt! Häufig ist es so, dass jemand „das Fleisch" verehrt, weil er tief in seinem eigenen Herzen den Wunsch hat, dass auch andere sein Fleisch ehren.

In dem Maß, wie ich versuche, nur Gott zu gefallen, werde ich nicht die Anerkennung von Menschen brauchen bzw. suchen. Paulus sagte, wir sollten ein Hauptziel in diesem Leben haben, und das sollte sein, Gott zu gefallen (vgl. 2 Kor 5,9; wörtlich übersetzt).

David sagte auch, eine Person, die wirklich Gottes Gesetz liebe, habe den vollkommenen Frieden und nichts könne sie kränken (vgl. Ps 119,165). Wenn man uns in irgendeinem Bereich kränken kann, dann könnte sein, dass wir tief in unserem Innern danach trachten, im selben Bereich geehrt zu werden, in dem wir gekränkt wurden.

Der Herr wird die Hütte Davids in den letzten Tagen wiederherstellen, und es wird ein Volk mit dem Herzen Davids geben, das keinem anderen die Herrlichkeit geben will als Gott; und dann wird die Erde mit der Erkenntnis der Herrlichkeit Gottes erfüllt werden.

David sagte auch zu den Mächtigen, sie sollten dem Herrn Stärke und Herrlichkeit geben. Jede Stärke, die ein Starker, Mächtiger hat, kommt aus der Hand Gottes. Alle Anerkennung für irgendeine Stärke gehört dem Herrn. Dem Herrn Ehre zu geben bedeutet, dass ich Gott die Anerkennung für alles in meinem Leben gebe. Mein allernächster Atemzug wird nur dann kommen, wenn er dies in seiner Souveränität bestimmt. Wenn ich für etwas in meinem Leben Ehre entgegennehme, dann verkünde ich in meinem Herzen, dass *ich* all diese Dinge getan habe, und ich sage wie Nebukadnezar: „Sieh dir dieses Königreich an, das ich durch die Stärke meiner Macht gebaut habe." In Daniel 4,29.30 heißt es: *Nach Ablauf von zwölf Monaten [nämlich], als er auf dem königlichen Palast in Babel auf und ab ging, begann der König und sagte: Ist das nicht das große Babel, das ich durch die Stärke meiner Macht und zur Ehre meiner Herrlichkeit zum königlichen Wohnsitz erbaut habe? Noch war das Wort im Mund des Königs, da kam eine Stimme aus dem Himmel: Dir, König Nebukadnezar, wird gesagt: Das Königtum ist von dir gewichen!*

David sagte den Starken, sie sollten dem Herrn die Anerkennung für ihre Stärke geben. Paulus sagte, alles, was er sei, sei er nur durch die Gnade Gottes (vgl. 1 Kor 15,9.10). Einem anderen König mit dem Namen Usija (ein Mächtiger) wurde auf wunderbare Weise geholfen, bis er stark wurde. Leider erhob sich sein Herz zu seiner Zerstörung, nachdem er stark geworden war (vgl. 2 Chr 26,15.16).

Stolz kommt immer vor einem Fall, und der Herr hat verkündet, dass er das Haus des Stolzen zerstören wird (vgl. Spr 16,18; 15,25). Viele Könige haben die Macht ihrer königlichen Autorität ausgeübt, aber sehr wenige haben königliche Autorität jemals mit einem echten königlichen Charakter demonstriert. Mit seinem Leben hat der König der Könige sichtlich demonstriert, dass wahre königliche Statur aus Demut, Sanftmut und Niedrigkeit besteht!

Jesu Beschreibung von sich selbst als sanftmütig wird in der heutigen Kultur gerne missverstanden. Das griechische Wort für sanftmütig, das in Matthäus 11,29 benutzt wird, ist „prautes" oder „praotes" (Strong Nr. 4239). Es ist diese Geisteshaltung, in der wir Gottes Umgang mit uns als gut und deshalb ohne Widerspruch oder Widerstand akzeptieren. Stefanus sagte zu den religiösen Leuten seiner Zeit: *Ihr widerstrebt allezeit dem Heiligen Geist; wie eure Väter, so auch ihr* (Apg 7,59b).

Dieses Wort „prautes" ist eng mit Demut verknüpft. Die Bedeutung von „prautes" wird von uns nicht leicht verstanden oder beschrieben, denn für die meisten Leute deutet der Ausdruck „Sanftmut" auf Schwäche und eine bestimmte Art von Verzagtheit hin; aber „prautes" bedeutet nichts dergleichen.

Eine Interpretation von Sanftmut ist Sanftheit, aber Sanftheit hat mehr mit dem Handeln einer Person zu tun, während Sanftmut („prautes“) mit dem Zustand der Gesinnung und des Herzens zu tun hat bzw. was hinter dem steckt, wie jemand sich selbst, andere oder Gott sieht. Das Wörterbuch „Vine's Dictionary“ sagt dazu: „Wir müssen deshalb klar verstehen, dass die Sanftmut, die sich durch den Herrn zeigt und den Gläubigen aufgetragen wird, die Frucht von Stärke ist. Gewöhnlich nimmt man an, dass jemand deshalb sanftmütig ist, weil er sich selbst nicht helfen kann; aber der Herr war sanftmütig, weil er die unendlichen Ressourcen Gottes zur Hand hatte.“ Wir sollen Niedrigkeit und Sanftmut aufgrund dessen wählen, wer wir in Wahrheit **sind,** und nicht aufgrund dessen, wer wir **nicht sind.**

Jesus sagte von sich, er sei ein Wurm und kein Mensch. In Jesaja wird Jakob als Wurm bezeichnet; und wir sehen, dass Gott sagt, er werde diesen Wurm, Jakob, in seiner ganzen Gebrechlichkeit nehmen und ihn benutzen, um Berge zu zermalmen! Können Sie sich vorstellen, dass ein kleiner, winziger, niedriger Wurm in kürzester Zeit eine große Gebirgskette zermalmen und zu Pulver machen kann?

Nach Strongs Konkordanz (Nr. 8438) ist das Wort, das hier für Wurm benutzt wird, um Christus bzw. Jakob als Wurm zu beschreiben: „tola“ und (feminin) „tole`ah“ oder „tola`at“. Die Bedeutung ist:

- ein Wurm, etwas Scharlachrotes, Purpur
- ein Wurm, der weibliche „coccus ilicis“
- etwas Scharlachrotes, purpurrot, scharlachrot; die Farbe, die aus dem getrockneten Körper des weiblichen „coccus ilicis“ gemacht wurde.

Wenn das Weibchen dieses scharlachroten Wurms bereit ist, ihr Junges zu gebären, befestigt sie ihren Leib so fest und stabil an einem Baumstamm, dass sie nie wieder davon weggehen kann. Die Eier, die sie unter ihrem Körper ablegt, sind somit geschützt, bis die Larven geschlüpft und fähig sind, ihren eigenen Lebenszyklus zu beginnen. Wenn die Mutter stirbt, färbt die scharlachrote Flüssigkeit ihren Körper und das umgebende Holz. Aus den toten Körpern solcher weiblicher, scharlachroter Würmer wurden im Altertum die kommerziellen scharlachroten Farben extrahiert.

Welch ein Bild gibt das doch von Christus, der auf dem Baum stirbt und sein kostbares Blut vergießt, damit er *viele Söhne zur Herrlichkeit führte* (Heb 2,10).

Wir, als der „Jakob Gottes", sollen in unserem fleischlichen Körper Würmer genannt werden, nicht um von Selbsthass aufgefressen zu werden, sondern um anzuerkennen, dass in uns, das heißt in unserem Fleisch, nichts Gutes ist. Und am Ende meiner Tage kann ich mit dem Apostel Paulus sogar sagen, dass ich der größte aller Sünder bin, damit sich die ungeheure Gnade Gottes in einem tönernen Gefäß manifestieren kann. Ein irdenes Gefäß ist die Art von Gefäß, in dem der Herr gerne **seine Schätze** zeigt!! (vgl. 2 Kor 4,7). Ohne Gnade bin ich nur ein irdenes Gefäß, aber in der Gnade lebt genau das Leben des auferstandenen Sohnes Gottes in mir; und indem ich die Gnade Gottes anerkenne, werde ich sehen, dass die Herrlichkeit seiner Schönheit ganz ihm gehört. In Hesekiel teilte der Herr den Leuten seines Volkes mit, er habe sie, als sie noch in ihrem Blute lagen, genommen und zu ihnen gesagt: **„Lebt!!"** Und dann wusch er sie, badete sie, zog ihnen schöne Kleider an, schmückte sie und machte sie sehr schön!! (vgl. Hes 16).

Dann passierte ihnen das, was Satan passierte. Sie nahmen Gottes Schönheit in ihnen, korrumpierten sie und fingen an, ihr eigenes Bild zu projizieren; sie ließen sich für ihre guten Leistungen verehren und wurden schließlich voller Götzendienst und Selbstverehrung. Sie tauschten die **Herrlichkeit Gottes** gegen ihre eigene Herrlichkeit ein!

Wie leicht können wir auf den Gedanken kommen, dass unsere Erfolge damit zu tun haben, wie gut wir sind, und nicht mit der Gnade Gottes. Jedes Mal, wenn ich meinem Charakter das zuschreibe, was allein der Gnade Gottes gehört, nehme ich die Herrlichkeit an mich und bin stolz; dann wird mir Gott in meinem Stolz widerstehen, denn der Herr widersteht den Stolzen und gibt den demütigen Gnade (vgl. 1 Pt 5,5; Jak 4,6).

Unsere ungerechten Urteile über andere deuten genau auf den Bereich hin, in dem sich unser Stolz befindet. In genau den

Bereichen, in denen ich andere richte, lebe ich also selbst im Stolz – und dies hasst der Herr (vgl. Röm 2,1-3).

Wenn ein Pharisäer auf Sünder herabsieht, liegt das daran, dass er auf seinen eigenen frommen Charakter hochsieht. Tut dagegen jemand die gottlosen Dinge, die ein anderer tut, nicht, dann ist der Grund dafür das Erbarmen und die Gnade Gottes; aber der Stolz spricht zu seinem Herzen: „Mensch, bist du nicht toll?"

Wenn wir auf die Stimme des Stolzes hören, dann werden wir als Nächstes die Sünder richten und sie in unserem Herzen verachten! In der ganzen Zeit, in der wir andere in unserem Herzen verachten, freuen wir uns mit dem pharisäischen Wesen mit Begeisterung über die eigene Leistung (Stolz), und keiner sieht diesen Teil von uns, außer Gott.

Und Samuel sagte: *Wurdest du nicht, als du gering in deinen Augen warst, das Oberhaupt der Stämme Israels? Und der HERR salbte dich zum König über Israel* (1 Sam 15,17).

Solange Saul in seinen eigenen Augen klein war, war er in diesem abscheulichen Bereich der Selbsterhöhung, die Stolz genannt wird, auf der sicheren Seite. Jeder, der stolz im Herzen ist, ist für Gott ein Gräuel (vgl. Spr 16,5). Stolz ist einfach eine überhöhte Selbsteinschätzung und berücksichtigt nicht das Erbarmen Gottes und das göttliche Eingreifen! Jesus sagte, wir könnten **ohne ihn nichts** tun!! (vgl. Joh 15,5b). Aufgrund seiner Gnadenerweise sind wir nicht verzehrt worden (vgl. Klgl 3,22). Die Herrlichkeit Gottes ist sein Bild, und die Herrlichkeit des Menschen ist dessen Bild, aber wir sollen uns nichts einbilden (vgl. Phil 2,7). Solange ich versuche, mein Bild zu projizieren, wird sein Bild nicht gesehen; aber diese letzten Tage werden klar als der **Tag des Herrn** gesehen, und sein Bild wird auf der Erde deutlich und mächtig offenbart werden!

Auch Petrus war einer, der eines Tages sagte, selbst wenn alle anderen Jesus verleugneten, er nicht; und um zu zeigen, wie sehr er meinte, was er zu Jesus sagte, verkündete er: „Ich werde sogar für dich sterben." Petrus vertraute auf seine eigene Fähigkeit, Gott zu dienen; aber offensichtlich führte sein Selbstvertrauen zu seinem Niedergang, denn Stolz kommt immer vor dem Fall.

In welchem Bereich bin ich davon überzeugt, dass ich Gott nicht verraten würde! Das ist genau der Bereich, der meine größte Gefahr ist. Die Gnade Gottes ist der Grund für alles Gute in mir. David sagte, außer Gott habe er nichts Gutes (vgl. Ps 16,2). Die **Schönheit** Gottes zu sehen ist, die Schönheit seines **Erbarmens** zu sehen; die Schönheit seines Erbarmens zu sehen ist, die Schönheit seiner **Gnade** zu sehen; und die Schönheit seiner Gnade zu sehen ist, die **Hässlichkeit** meines **Stolzes** zu sehen, denn mein Stolz ist meine Herrlichkeit!! Die Offenbarung der eigenen totalen Verderbtheit wird einem die totale Gnade und die Schönheit der Heiligkeit offenbaren! Micha 6,8 sagt: *Man hat dir mitgeteilt, o Mensch, was gut ist. Und was fordert der HERR von dir, als Recht zu üben und Güte zu lieben und demütig zu gehen mit deinem Gott?*

Das erste Mal, dass ich anfing, Erbarmen zu lieben, war, als ich erkannte, wie sehr ich es wirklich brauchte! Solange uns noch nicht viel vergeben wurde, können wir wirklich nicht viel lieben. Vielleicht gibt es aus diesem Grund so viel Hass im Namen des Christentums, weil die Leute, die sich Christen nennen, noch keine Offenbarung darüber haben, wie sehr sie selbst Vergebung brauchen! Die Macht des Reiches der Finsternis kommt immer durch Stolz; und die Macht des Reiches des Lichtes kommt immer durch Demut. Eine der vielfältigen Verkleidungen des Stolzes ist, dass er eine Person, normalerweise schon in jungen Jahren, veranlasst, ihr Verhalten mit dem Verhalten anderer zu vergleichen. Viele Eltern säen Samen eines Konkurrenzgeistes in die Herzen ihrer Kinder. Es gibt einen Unterschied zwischen einer Person, die ihr Bestes gibt, und einer Person, die die beste ist. Wir sind durch die Gnade und das Erbarmen unseres Herrn Jesus Christus dazu berufen, unser Bestes zu geben, wobei er uns die Fähigkeit dazu gibt (vgl. Joh 5,19; Röm 7,18; Phil 2,13). Als Paulus sagte, wir sollten nach dem Siegespreis streben, bezog er sich auf die Notwendigkeit, das ewige Leben zu ergreifen, welches das **Leben eines anderen** ist (vgl. 1 Kor 9,25; 1 Tim 6,19).

Ein Konkurrenzgeist, der in das Herz eines Kindes gesät wird, führt dazu, dass dieses Kind einen verinnerlichten Antrieb hat, andere immer übertreffen zu müssen. Dies hat eine perfektionistische Gesinnung zur Folge, und wenn das Kind seinen perfekten Maßstäben nicht entspricht, die es sich selbst gesetzt hat, kommt Selbsthass in sein Herz. Wenn dieses Kind seinen eigenen Maßstäben entspricht, wird es eine erhöhte Selbstwahrnehmung haben; deshalb wird dieser Konkurrenzgeist es um sich selbst kreisen lassen und Zerstörung in sein Leben bringen. Der Herr sagte: „Jeder Same bringt Frucht nach seiner eigenen Art; deshalb werden wir ernten, was wir säen." Wenn jemand einen Samen des Perfektionismus empfängt und andere übertreffen muss, in der Hoffnung, jetzt akzeptiert zu werden, wird er die Frucht der Verzweiflung und des Selbsthasses ernten oder andere verachten, oder er wird eifersüchtig auf diejenigen sein, die er als besser als sich selbst sieht!

Es ist so aufregend, wenn man einfach dem Samen von Gottes Herzen erlaubt, den Samen seiner **eigenen Art** in den Herzen der Menschen hervorzubringen. Paulus sagte, dass wir nicht klug sind, wenn wir in dieser vergleichenden, konkurrierenden, natürlichen Haltung gegenüber den Menschen sind! *Denn wir wagen nicht, uns gewissen Leuten von denen, die sich selbst empfehlen, beizuzählen oder gleichzustellen; aber da sie sich an sich selbst messen und sich mit sich selbst vergleichen, sind sie unverständig* (2 Kor 10,12).

Es gibt **einen,** der **erhoben** ist; es gibt **einen,** der **heilig** ist; es gibt **einen,** der **Liebe** ist; es gibt **einen,** der **völlig würdig** ist; und **dieser** ist das **Lamm Gottes,** unser **Herr Jesus Christus!!** Der **Würdige** hat äußerlich als Löwe gesiegt und innerlich als Lamm, und das Lamm ist immer noch das offenbarte innere Selbst des Vaters für alle, deren Augen geöffnet wurden, um zu sehen!

Die endzeitliche David-Generation wird dem Herrn die volle Ehre geben, die ihm gebührt! Sie wird von Herzen davon überzeugt sein, dass all ihre Stärke – sei es physische Kraft, physische Schönheit, finanzielle Möglichkeiten, geistliche Erkenntnis oder intellektuelle Fähigkeiten – von dem Starken kommen. Der Herr hat Hilfe auf den einen gelegt, der stark ist, und sein Name ist Jesus. Diese davidische Generation entsteht als echte Anbeter, die die Herrlichkeit Gottes nicht berühren werden. Sie werden in ihren Herzen völlig davon überzeugt sein: „Dein ist die Herrlichkeit!" Und sie werden die Schönheit der Heiligkeit als ein inneres Gewand über ihren Herzen tragen, während sie ihren herrlichen Herrn in seiner majestätischen Pracht anbeten!

Jesu Schönheit wurde in seinem niedrigen, sanftmütigen Herzen offenbart, als er selbst sagte, dass er, der Sohn Gottes, nichts aus sich selbst heraus tun könne (vgl. Joh 5,19.30). Mit anderen Worten, er war völlig abhängig davon, dass ein **anderer** in seinem Körper lebte. Er identifizierte sich so sehr mit unserer Natur, dass er in allen Punkten versucht wurde, wie wir, aber ohne Sünde (vgl. Heb 2,9.10.18; 4,15). Die Menschen wurden geschaffen, um in ständiger Abhängigkeit vom Leben eines **anderen** zu leben. Sie sollten vom Baum des Lebens in der Mitte des Gartens essen; doch stattdessen entschieden sie sich für den Baum der Erkenntnis von Gut und Böse.

Die Schönheit in der Heiligkeit ist die unsichtbare Pracht eines Herzens, das von dem ganzen unsichtbaren Hochmut und der Arroganz des Stolzes im menschlichen Herzen getrennt und losgelöst ist. Diese exquisite Schönheit wird in einer niedrigen Gesinnung bzw. Haltung offenbart, die unabhängig von irgendwelchen äußerlichen Besitztümern, Leistungen oder Fähigkeiten ist. Man kann den ganzen Reichtum des Universums besitzen und in seinem **Herzen** trotzdem eine innere Haltung der niedrigen Sanftmut bewahren. Man kann in tiefer Armut leben und in seinem Herzen doch voller **Stolz** und Arroganz sein und auf andere herabsehen.

Wenn man nichts hat, ist es leicht, demütig zu sein, und doch haben viele, die nichts haben, eine erhöhte Selbsteinschätzung. Alles zu haben und doch demütig zu sein, ist die eigentliche Natur und der Charakter von Gott selbst! Können Sie in diesen Tagen den Ruf des Geistes nach niedrigen, demütigen Herzen hören? Haben Sie die Gesinnung oder Haltung in Ihnen, die auch in Christus Jesus war?

***Deine Augen werden den König schauen in seiner Schönheit.***

Jesaja 33,17a

KAPITEL 9

# Die größte Offenbarung des Herzens des Vaters

Der Herr sagte Mose, kein Mensch könne sein Angesicht sehen und leben (vgl. 2 Mo 33,20). Der Verfasser des Hebräerbriefs beschreibt den Sohn als den Glanz oder die Ausstrahlung der Herrlichkeit des Vaters und als das genaue Abbild seiner Person (vgl. Heb 1,3). Paulus sagte, das Licht der Erkenntnis der Herrlichkeit Gottes sei im Angesicht Jesu Christi (vgl. 2 Kor 4,6). Niemand kann das Angesicht Gottes sehen und leben; aber Gott der Herr kam, um in einem vergänglichen Körper unter uns zu wohnen (vgl. Joh 1,14.18). Die Herrlichkeit Gottes war in dem „irdenen Tempel" verhüllt – dem Leib, der durch den Heiligen Geist im Schoß Marias gebildet wurde.

Eines Tages öffnete Jesus sein inneres Wesen und das, was wirklich in ihm war. Dies ist als die Verklärung des Sohnes Gottes bekannt. Jesus sagte seinen Jüngern, einige von ihnen würden das Reich Gottes manifest sehen, bevor sie sterben würden. Ein paar Tage später wurde das Reich offenbart, als Jesus mit Mose und Elia redete, die in der unbeschreiblichen Herrlichkeit des Reiches erschienen. Sie *besprachen seinen Ausgang, den er in Jerusalem erfüllen sollte* (Luk 9,31). Vers 51 desselben Kapitels beschreibt die Zeit, wenn Jesus in den Himmel aufgenommen werden würde. In diesen beiden Bibelstellen wird der Tod als eine Erfüllung und eine Herrlichkeit gesehen, die eine **Erhöhung** zur Folge hatten. Nur wenn wir unser Leben verlieren, können wir es wirklich finden (V. 24). Welch eine seltsame Beschreibung des baldigen Todes eines Menschen: eine Erfüllung, ein Aufstieg. Wie seltsam! Scheinbar wird der Tod im Sieg verschlungen. Durch den Tod zerstörte unser Herr den, der die Macht des Todes hatte, das heißt den Teufel (vgl. Heb 2,14). Der Himmel sieht das gekreuzigte Leben als eine offene Tür zur Freisetzung der gesamten Auferstehungskraft.

In 2. Korinther 4,10-12 lesen wir: *[In allem sind wir] ... allezeit das Sterben Jesu am Leib umhertragend, damit auch das Leben Jesu an unserem Leibe offenbar werde. Denn ständig werden wir, die Lebenden, dem Tod überliefert um Jesu willen, damit auch das Leben Jesu an unserem sterblichen Fleisch offenbar werde. Folglich wirkt der Tod in uns, das Leben aber in euch.*

Paulus sagte, wenn wir dem Tod erlaubten, in uns zu wirken (in unseren fleischlichen, egoistischen Wünschen), dann werde durch uns ständig das Leben in andere freigesetzt (vgl. 2 Kor 4,12). Aufgrund des niedrigen Herzens Gottes ist der siegreiche Weg immer der, dass Stolz und Egoismus sterben müssen!

Petrus sagte, Ehemänner sollten ihren Ehefrauen Ehre erweisen, denn er sah, dass sie die schwächeren Gefäße sind (vgl. 1 Pt 3,7). Es ist keine Schande, ein schwächeres Gefäß zu sein, denn der Herr gibt den schwächeren Gefäßen immer die größere Ehre. Nur wenn die Männer darin versagen, ihren Ehefrauen mehr Ehre zu geben, sind ihre Frauen offen für viele Ängste und wenden sich solchen rebellischen Bewegungen wie der Frauen-Emanzipationsbewegung zu. Die meiste Rebellion würde aufhören, wenn die tiefen inneren Ängste durch einen Ehemann, der seine Ehefrau vollkommen liebt, aufgelöst und hinausgeworfen werden würden. Johannes sagte, die vollkommene Liebe treibe alle Furcht aus. Erweist ein Ehemann seiner Frau nicht die entsprechende Ehre, dann werden seine Gebete abgeschnitten (vgl. 1 Pt 3,7).

Nun wieder zurück zum Berg der Verklärung: Die Jünger sahen seine Herrlichkeit, aber was sahen sie wirklich? In Lukas 9,29 wird gesagt, dass buchstäblich die äußere Erscheinung seines Gesichts verändert wurde und seine Gewänder durch die Strahlung von Gottes sichtbarer Herrlichkeit, die von ihm ausging, strahlend hell wurden. So, wie die Lepra auf der Stirn von König

Usija ausbrach (sich erhob, hervorkam, schien, aufstand), genauso kam die Herrlichkeit in Jesu Schoß hervor und strahlte. König Usija wurde stark, sein Herz erhob sich zu seiner Zerstörung und sein Stolz strahlte in Form von Lepra. Die Lepra war immer da, aber in dieser Zeit der Selbsterhöhung kam sie heraus und zeigte sich auf seiner Stirn. Wenn ich die Gesinnung Christi wähle, dann wird die Herrlichkeit Gottes in mir offenbart, doch wenn ich mich für den Stolz entscheide, dann wird sich mein aussätziges Herz zeigen, sodass es alle sehen.

Das Fleisch hat von Natur aus eine weltliche Gesinnung; und diese Gesinnung hasst Gott, und sie hasst insbesondere jegliche Demonstration von Niedrigkeit und Sanftmut (vgl. Röm 8,5-7). Der Apostel erwähnt eine Herrlichkeit, die in uns offenbart werden soll (vgl. Röm 8,18). Diese verborgene Herrlichkeit ist das Herz Gottes, das in Sanftmut und echter Heiligkeit jenen offenbart wird, die in Wahrheit danach verlangen, den König in seiner Schönheit zu sehen (vgl. Jes 33,17).

Es gibt noch einen weiteren Aspekt von Gottes Angesicht. Es hat keine Schönheit, *dass wir Gefallen an ihm gefunden hätten* (Jes 53,2b). Sehe ich also die Schönheit von ihm, oder sehe ich etwas, das für mich nicht schön anzusehen ist? Was trifft zu? Wir lesen, dass das Angesicht Gottes für viele unerträglich ist. Manche werden zu den Felsen schreien, dass diese auf sie fallen und sie vor seinem Angesicht verbergen (vgl. Offb 6,16; 20,11). David sehnte sich nur danach, Gottes Angesicht und seine Schönheit zu sehen; und nur dies stellte ihn zufrieden, aber sehr viele Menschen werden in ihm keine begehrenswerte Schönheit sehen!

Wie kann also jemand für die einen so schön sein und für die anderen so hässlich?

Ist er für Sie bereits schön?

Jesus sagte, das, was in den Augen der Menschen hoch geschätzt sei, sei in den Augen Gottes ein Gräuel (vgl. Luk 16,15). Das gesamte Weltsystem erachtet Stolz als etwas Erstrebenswertes und Notwendiges; es sieht Stolz als etwas Schönes an.

Wir wollen nun einige Verse betrachten, in denen unser wahrer Meister seine eigenen Gefühle dem Stolz gegenüber beschreibt:

- Der Herr hasst Stolz und Hochmut, da sie Teil des bösen Weges sind (vgl. Spr 8,13).
- Auf Stolz folgt immer Schande (vgl. Spr 11,2).
- Alle Zwietracht und aller Streit kommt durch diese erhöhte Selbstwahrnehmung, die Stolz genannt wird (vgl. Spr 13,10).
- Vor der Zerstörung kommt immer Stolz. Ein hochmütiger, erhöhter Geist führt immer zu einem Fall. Dass Adam sich in seinem Herzen erhob, war sein Niedergang (vgl. Spr 16,18).
- Jeder, der im Herzen stolz ist, ist für den Herrn ein Gräuel (vgl. Spr 16,5).
- Zuletzt: *Das Haus der Hochmütigen reißt der HERR nieder* (Spr 15,25).

Es gibt sieben Dinge, die dem Herrn absolut zuwider sind, und das erste davon ist ein stolzer Blick (vgl. Spr 6,17). Als der Herr vor beinahe 2000 Jahren auf der Erde lebte, offenbarte er das, wonach sich die ganze Schöpfung sehnte, es zu sehen! (vgl. Röm 8,17-23).

Die Welt sehnt sich danach, in seinem Leib Jesus zu sehen. Diese verborgene Schönheit der Heiligkeit wird in einer Braut gesehen werden, die ganz hingegeben ist, wirklich mit dem Herzen ihres Geliebten eins zu sein! Jesus sagte, dass er ihnen genau die Herrlichkeit, die der Vater ihm gegeben hatte, gab, damit sie **eins** seien (vgl. Joh 17,22). Diese Herrlichkeit wird den Leib Christi **eins** machen, denn in den Herzen der Gläubigen wird es kein Bedürfnis, keinen Wunsch mehr danach geben, gesehen zu werden. Stattdessen wollen sie nur noch das Herz eines Dieners haben und den Wunsch, in Demut zu leben! Zu dieser Gesinnung Christi gehört ein niedriges, reines Herz, das voller Weisheit von oben ist, und diese Weisheit ist zuerst rein, dann friedliebend, sanft (oder sanftmütig), folgsam, voller Barmherzigkeit und guter Früchte, unparteiisch und ungeheuchelt (vgl. Jak 3,17).

Es wird ein Volk sein, das mit dem Herzen seines Herrn eins ist, denn er wird ihre Herzen völlig beschneiden, und sie werden in die Einheit des Glaubens und der Erkenntnis des Sohnes Gottes kommen als eines vollkommenen Menschen bis zum vollen Maß der Fülle Christi (vgl. Eph 4,13).

Zefania weissagte, der Herr werde einen *demütigen und geringen* Rest in der Mitte seines Volkes übrig lassen und jeder *hochmütige Prahler* werde entfernt werden. Dann werde er, der König, kommen und sich an jenem Tag in Fröhlichkeit und Jubelgesang über seine Niedrigen freuen (vgl. Zef 3,9-18).

Haben Ihre Augen den König in seiner Schönheit gesehen?

***Deine Augen werden den König schauen in seiner Schönheit.***

Jesaja 33,17a

# KAPITEL 10

## Wie wir diese Gesinnung empfangen

Das Evangelium von Jesus Christus hat sich nie verändert. Dieses Evangelium besteht aus zwei Teilen: Buße tun (umkehren) und glauben. Johannes der Täufer kam, und seine Botschaft war sehr klar: *Tut Buße! Denn das Reich der Himmel ist nahe gekommen* (Mt 3,2). Jesus kam und verkündete dasselbe Wort: *Tut Buße, denn das Reich der Himmel ist nahe gekommen!* (Mt 4,17). Auch Petrus und die Jünger verkündeten dieses Evangelium, nämlich: *Tut Buße, und jeder von euch lasse sich taufen,* und danach empfingen sie die Gabe des Heiligen Geistes (vgl. Apg 2,38). Und zuletzt machte der große Apostel Paulus sehr klar, dass er nichts ausgelassen habe, was für die Ohren seiner Zuhörer nützlich gewesen wäre, und sagte, dieses Evangelium bestehe aus Buße zu Gott und Glaube an den Herrn Jesus Christus (vgl. Apg 20,20.21). Alle diese Diener Gottes verkündeten dasselbe Evangelium, das aus Buße und Glaube bestand. Die Buße muss gegenüber Gott stattfinden, da er derjenige ist, den wir mit unserem Herzen des Stolzes so betrübt haben, und der Glaube bezieht sich auf den Herrn Jesus Christus, da er der einzige ist, der dieses wohlgefällige Leben durch uns leben kann.

Um diese Gesinnung Christi zu empfangen, muss man verstehen, was das Wort „Buße" bedeutet. Es bedeutet im Grunde genommen eine Änderung der Gesinnung; aber das Wort für „Gesinnung" bezieht sich sowohl auf die Gedanken, die jemand denkt, als auch auf die Einstellung und den Geist hinter diesen Gedanken. Und deshalb wird nun klar, dass Buße daraus besteht, dass im Herzen einer Person ein Sich-Demütigen stattfindet, da ihr Herz und ihre Art zu denken, bevor sie zu Jesus Christus kam, voller Stolz war. Es kommt häufig vor, dass jemand aufgrund seiner Lebensumstände und seiner Erziehung niedergebeugt ist. Das führt zu einem Herzen, das in einem Zustand der Niedrigkeit ist. Eine solche Person muss sich deshalb auf die zweite Hälfte der Wahrheit des Evangeliums konzentrieren, das heißt, an den Herrn Jesus Christus glauben. Wir dürfen aber nie vergessen, dass die erste Hälfte des Evangeliums, das heißt die Umkehr zu Gott, ein notwendiger Schritt ist, damit sich das Herz einer Person, die eine erhöhte Sicht von sich hat, verändert, insbesondere wenn sie so erzogen wurde, dass sie das Gefühl hat, sie brauche keine Herzensänderung.

Welches Geheimnis steckt dahinter, die Gesinnung Christi in uns zu haben? Das Geheimnis wird in wenigen Bibelversen offenbart:

> *Habt diese Gesinnung in euch, die auch in Christus Jesus [war], der in Gestalt Gottes war und es nicht für einen Raub hielt, Gott gleich zu sein. Aber er machte sich selbst zu nichts und nahm Knechtsgestalt an, indem er den Menschen gleich geworden ist, und der Gestalt nach wie ein Mensch befunden, erniedrigte er sich selbst und wurde gehorsam bis zum Tod, ja, zum Tod am Kreuz. Darum hat Gott ihn auch hoch erhoben und ihm den Namen verliehen, der über jeden Namen ist, damit in dem Namen Jesu jedes Knie sich beuge, der Himmlischen und Irdischen und Unterirdischen, und jede Zunge bekenne, dass Jesus Christus Herr ist, zur Ehre Gottes, des Vaters. Daher, meine Geliebten, wie ihr allezeit gehorsam gewesen seid, nicht nur wie in meiner Gegenwart, sondern jetzt [noch] viel mehr in meiner Abwesenheit, bewirkt euer Heil mit Furcht und Zittern! Denn Gott ist es, der in euch wirkt sowohl das Wollen als auch das Wirken zu [seinem] Wohlgefallen. Tut alles ohne Murren und Zweifel* (Phil 2,5-14).

> *Denn aus ihm und durch ihn und zu ihm hin sind alle Dinge! Ihm sei die Herrlichkeit in Ewigkeit! Amen. Ich ermahne euch nun, Brüder, durch die Erbarmungen Gottes, eure Leiber darzustellen als ein lebendiges, heiliges, Gott wohlgefälliges Opfer, was euer vernünftiger Gottesdienst ist. Und seid nicht gleichförmig dieser Welt, sondern werdet verwandelt durch die Erneuerung des Sinnes, dass ihr prüfen mögt, was der Wille Gottes ist: das Gute und Wohlgefällige und Vollkommene* (Röm 11,36-12,2).

Die Gesinnung Christi ist der Geist, der hinter seiner Art zu denken steht. Dazu gehört seine Haltung der Niedrigkeit und seine Ausrichtung auf das Reich Gottes, statt auf seine eigenen Bedürfnisse. Diese Gesinnung beschreibt ein inneres, mitfühlendes Herz, das voller Feingefühl und Erbarmen ist. Diese Gesinnung hat die Weisheit des Himmels und ebenso die heiligen Gedanken des Vaters. In dieser Gesinnung findet man echte Erkenntnis.

All diese göttlichen Eigenschaften sind in dieser Gesinnung enthalten, und die Rolle des Gläubigen ist es, im Glauben zuzulassen, dass diese Gesinnung zu seiner Gesinnung wird (vgl. Phil 2,5). Er will, dass die Gesinnung Christi *sowohl das Wollen als auch das Wirken zu [seinem] Wohlgefallen* wirkt (Phil 2,13). Die Gnade Gottes fließt wie ein reiner Strom ständig vom Thron Gottes – eine beständige Quelle von Gottes eigenem Leben – und der Gläubige muss zulassen, dass dieser Strom die Gesinnung Christi in ihn „hineinfließen" lässt. Paulus sagte in Philipper 2,12-14: *Bewirkt euer Heil mit Furcht und Zittern! Denn Gott ist es, der in euch wirkt sowohl das Wollen als auch das Wirken zu [seinem] Wohlgefallen. Tut alles ohne Murren und Zweifel ...*

Gott arbeitet beständig seine Gnade in uns hinein, und diese Gnade ist voll seines eigenen Herzens und der Haltung des Lobpreises und der Danksagung. Solange ich mich dazu entscheide, in allem und für alles zu danken, lässt diese Gnade ständig sein Leben in mich hineinfließen.

In dem Moment, in dem ich mich entscheide zu murren und mich zu beschweren oder mich auf meine eigene, fleischlich denkende Gesinnung (dies ist mit dem Wort „Zweifel" gemeint) zu verlassen, hindere ich die Gesinnung Christi daran, weiterhin durch ihr irdisches Gefäß (mich) zu fließen! Der Entschluss, alle Dinge ohne Murren und Widerspruch zu tun, ist in unserem Wandel mit Gott absolut entscheidend. Philipper 2,15 sagt, wenn wir nicht murrten und zweifelten, seien wir „tadellos und lauter, unbescholtene Kinder Gottes inmitten eines verdrehten und verkehrten Geschlechts, unter dem wir leuchten wie [Himmels-]Lichter in der Welt". Der Apostel sagte, jedes einzelne Gebet müsse von Danksagung an Gott begleitet sein (vgl. Phil 4,6). Und dann wird der Friede Gottes mein Herz und meinen Sinn in Christus Jesus bewahren (vgl. Phil 4,7).

> *Weil sie Gott kannten, ihn aber weder als Gott verherrlichten noch ihm Dank darbrachten, sondern in ihren Überlegungen in Torheit verfielen und ihr unverständiges Herz verfinstert wurde* (Röm 1,21).

Dieser Vers sagt, dass, wenn Menschen damit aufhören, Gott als Gott zu verherrlichen, sie aufhören werden, dankbar zu sein, und der nächste Schritt ist dann, dass es abwärts geht! Wenn ich Gott nicht als Gott verehre, dann werde ich gegen andere, gegen mich selbst und sogar gegen Gott klagen und murren. Und dann werde ich eingebildet und mein törichtes Herz ist verfinstert.

Das Böse fängt an, das Leben einer Person zu übernehmen, sobald diese aufhört, Gott für alle Dinge zu danken! *Sagt in allem Dank! Denn dies ist der Wille Gottes in Christus Jesus für euch* (1 Thess 5,18). Im nächsten Vers wird gesagt, dass das Feuer von Gottes Geist in meinem Herzen ausgelöscht wird, wenn ich nicht für alles Dank sage. Und ebenso verliere ich das Lied in meinem Herzen, wenn ich aufhöre, Gott für alle Dinge zu loben und zu danken.

Es kann nicht genug betont werden, wie wichtig es ist, dass wir in allem und für alles danksagen! Murren, Klagen und Kritisieren hat immer zur Folge, dass das Leben Gottes daran gehindert wird, aus dem Herzen einer Person üppig zu fließen. Sobald Lobpreis und Danksagung aufhören, wird es im Herzen eines Menschen immer eine Blockade geben. Was blockiert wird, sind die Ströme des Leben spendenden Wassers (vgl. Joh 7,38). Diese werden so lange nicht mehr hinausfließen, um ein trockenes Land zu bewässern, bis durch Demut und das Eingestehen des Stolzes, der das Murren und Klagen im Herzen einer Person befürwortete, die Hindernisse entfernt werden. Die niedrige Gesinnung unseres Retters sang noch kurz vor seinen schlimmsten Leiden und Schmerzen ein Lied. Als unser Herr das volle Gewicht der menschlichen Verderbtheit in sich spürte, hielt diese niedrige Gesinnung dem ganzen dämonischen Angriff, der auf ihn losgelassen wurde, stand und triumphierte über ihn. Liebe Leser, welch ein herrlicher Gedanke, dass diese Gesinnung seinem Leib für diese letzten Tage gegeben wird!

Es hängt nie von unseren Gefühlen ab, sondern immer davon, ob wir uns dem Handeln Gottes in unseren Lebensumständen fügen wollen. Ich bin ständig mit der Entscheidung konfrontiert, ob ich mich in meinem Herzen vor Gott beuge (demütige), wie dieser es während seiner Prüfung tat, oder ob ich mich während der Prüfungen des Lebens (im Stolz) in der Gegenwart Gottes erhebe. Um Gott als Gott zu verherrlichen, muss ich mich beugen und sagen: „Amen, Herr. Treu und gerecht sind deine Wege."

Diese Schönheit der Heiligkeit manifestiert sich in den Gedanken meines Herzens in jeder beliebigen Situation. Jesus ging oft auf die Gedanken der Herzen der Menschen ein. „Wie ein Mensch denkt in seinem Herzen, so ist er (Spr 23,7; wörtl. a. d. Engl.)."

Sich zu entscheiden zu danken, ist ein Weg, um diese schöne, niedrige Gesinnung in mir zu haben, und es ehrt Gott als Gott in meinen Umständen. Niedrigkeit versucht Gott nicht vorzuschreiben, was er in meinem Leben hätte tun sollen. Sie beugt sich einfach in Anbetung vor Gottes Weisheit.

Nachdem Hiob fast alles verloren hatte, fiel er nieder, betete an und sagte: *Der HERR hat gegeben, und der HERR hat genommen, der Name des HERRN sei gepriesen!* (vgl. Hiob 1,20-22). Auch David sagte, dass wir Gott *die Herrlichkeit seines Namens* geben sollen (vgl. Ps 29,1.2).

Es gibt eine Herrlichkeit, die aufgrund des heiligen, Ehrfurcht gebietenden Namens des Herrn fällig ist. Ich glaube, dass es absolut überfällig ist, dass die Menschen Gott geben, was ihm in

Bezug auf seine Ehre, seine Herrlichkeit und Majestät gebührt. Ein echter Anbeter wird in die schönen Gewänder einer niedrigen Haltung gekleidet sein, wenn er in die Gegenwart Gottes kommt. Der Vater sucht in dieser Stunde nach diesen echten Anbetern – nach jenen, die mit einem niedrigen, unterwürfigen Geist der Wahrheit in seine Gegenwart kommen –, die ihm das Eine anbieten, das ihm alles bedeutet: ein Herz, das demütig ist, weil es erkannt hat, dass er unbegreiflich groß ist und es selbst nichts ist. Diese Gesinnung bewirkt einen niedrigen, sanftmütigen und ruhigen Geist, der nicht auf andere herabsieht und sie verachtet, sondern der stattdessen seinen Blick nach oben wendet und Gott für sein Erbarmen, seine Gnade und völlige Güte anbetet. Wie David, wird er sagen: *Schmecket und sehet, dass der HERR gütig ist!* (Ps 34,9a.). Diese Niedrigkeit des Sinnes ist der einzige Weg, um in die wahre Anbetung zu kommen. In seiner Weisheit wird Gott ein Gefäß vorbereiten, das er in seinem Königreich in seiner Regierung benutzen wird, indem er diese Person ganz tief in Verrat, Verlassenheit und Unverstandensein hineinführt und sie während der ganzen Zeit beobachtet, wie sie auf das souveräne Verhalten ihres Vaters reagiert.

Wenn Leute zulassen, dass sie tief in den Schmelzofen des Leidens geführt werden und Gott dafür nicht anklagen, dann sind sie ausgezeichnete Kandidaten, um von Gott aus dem Schmelzofen der Trübsal heraus erwählt zu werden. Er erwählt uns aus dem Schmelzofen der Trübsal. Wenn ich Gott anklage, sobald ich 50 m tief in der Grube der Trübsal stecke, dann werde ich Gott verlassen, sobald ich die Erfolgsleiter 50 m hochgestiegen bin. Wenn ich Gott nicht anklage und mich nicht über meine Umstände beschwere, dann bin ich bereit, ein Gefäß der Ehre zu sein – eines, das Gott um seines großen Namens willen benutzen kann. Der Herr hat schon immer die Herzen seiner Leiter auf eine Weise getestet, zu der eine Wüstenzeit gehört. In 5. Mose 8,2 lesen wir, dass er das Volk in die Wüste führte, um es zu demütigen. Weder Mensch noch Tier sind von irgendeinem Nutzen, solange sie nicht gebrochen worden sind. Meine Umstände sind die Wege, wie Gott mit mir umgeht, um mich zu trainieren, zu herrschen und in seinem Reich zu regieren. Wie ich auf den Umgang des Herrn mit mir mitten in meinen Umständen reagiere, offenbart, inwiefern mein Herz darauf vorbereitet ist, in seinem Reich zu regieren. Vergessen Sie nicht, dass sein Reich dem Reich dieser Welt völlig entgegengesetzt ist. In seinem Reich ist der Letzte der Größte; der Weg nach oben führt nach unten, und der Diener aller ist der Chef aller!

Unsere Herzenshaltung in Zeiten der Schwierigkeiten und Probleme offenbart, wie weit wir in der Ausbildung, Könige zu sein, fortgeschritten sind (vgl. Jak 1,2-5). Verfolgung ist die Einkommenssteuer des Himmels. Ein kleines Einkommen führt zu wenig Verfolgung; ein großes Einkommen führt zu viel Verfolgung; und gar kein Einkommen zieht auch keine Verfolgung nach sich. Jeder, der ein gottesfürchtiges Leben in Christus Jesus führen will, wird Verfolgung erleiden (vgl. 2 Tim 3,12).

David wurde darin ausgebildet, ein Herrscher zu sein, indem er von seinem Vater abgelehnt wurde, von seinen Brüdern verachtet wurde, von dem König, den er von ganzem Herzen liebte, missverstanden und gehasst wurde und von seiner eigenen Frau verleumdet wurde! Was für einen König brachte diese Schule in ihm hervor?

Ein Mann Gottes erzählte seinem Freund: „Ich werde meinen Sohn bestimmt nicht die Dinge durchmachen lassen, die ich durchmachen musste. Daraufhin antwortete ihm sein Freund sehr weise: „Dann willst du wahrscheinlich auch nicht, dass dein Sohn ein solcher Mann Gottes wird, wie du es bist."

Liebe Leser, nicht das, was uns widerfährt, ist das echte Problem, sondern nur, wie wir darauf reagieren. Das ist der eigentliche Punkt! Meine Herzenshaltung während einer Prüfung ist die wichtigste Frage in meinem Leben.

Das Herz eines wahren Anbeters hat den Wunsch, Gott mehr zu lieben, ihm mehr zu vertrauen und echter zu sein, ehrlicher in Bezug auf alle seine Sünden und seinen Stolz zu sein und dankbarer zu sein. Es ist ständig darauf aus, Gott zu gefallen. Um diese niedrige, herrliche Gesinnung Christi zu empfangen, muss ich jeden Tag die Entscheidung treffen, dass ich Gott als Gott in meinem Leben verherrlichen will und in allen Dingen dankbar und in Bezug auf jedes Versagen und jede Sünde in meinem Leben ehrlich sein will. Wenn ich diese Entscheidungen treffe, wird Gott die Möglichkeit haben, mein Herz in Ordnung zu bringen. Entsprechend dem, wie ich mich entscheide, wird Gott die Ordnung herstellen. Ich kann mich nicht selbst heilen! Stolz versucht immer, andere zu täuschen, und er lebt für die Anerkennung anderer statt für Gott. Er sorgt sich darüber, was andere über ihn denken; und mit dem, was er tut und sagt, will er andere beeindrucken. Aber das Wort sagt, dass wir alles allein zur Ehre Gottes tun sollen. *Ob ihr nun esst oder trinkt oder sonst etwas tut, tut alles zur Ehre Gottes!* (1 Kor 10,31).

Wenn jemand wirklich zur Ehre Gottes lebt, tut er alles, was er tut – was er denkt, sagt und wie er handelt –, um Gott zu gefallen. Wenn ich jemand durch das, was ich sage, täusche, dann deshalb, weil ich nicht für Gott lebe, sondern für die Menschen. Noch niemand konnte Gott jemals täuschen, und deshalb kommt jeder täuschende Gedanke bzw. jedes täuschende Wort daher, dass jemand einen anderen täuschen will. Wenn jemand zu Gott hin lebt, dann hat er den Wunsch, dass alles, was er tut, Gott gefällt, und er fühlt den Schmerz, wenn er ihm missfällt. Jemand, der für Menschen lebt, fühlt den Schmerz, wenn er Menschen missfällt. Da Gott Liebe ist und Liebe geduldig, freundlich und langmütig ist, nichts Böses denkt usw., fühle ich tief in mir, dass ich ihn verletzt habe, wenn ich Dinge denke, die gegen die Liebe (Gottes Herz) sind; und denjenigen, den ich so sehr liebe, werde ich nicht verletzen wollen!

Es war nämlich das Herz bzw. die Gesinnung des Sohnes, die das Herz des Vaters so sehr erfreute und segnete; und auch heute ist es immer noch dieselbe niedrige, liebevolle Herzenshaltung, die das Herz des Vaters segnet.

Der Herr ist mitfühlend; er ist voller Erbarmen; sein Erbarmen hört niemals auf!

Wer von uns wünscht sich nicht, **schön** zu sein? Wer von uns möchte **hässlich** sein? Wer zieht schon **Hässlichkeit** der **Schönheit** vor? Natürlich wünscht sich jeder, **schön** zu sein! Im gesamten Universum gibt es nichts, was so völlig schön ist wie das niedrige, einfühlsame Herz Gottes und so schön wie diejenigen, die sich selbst demütigen und das niedrige, sanftmütige Herz ihres Königs empfangen wollen. Ein Anbeter wird jede Situation in seinem Leben zu einer Gelegenheit machen, Gott anzubeten. Er findet das Geheimnis, um alle Langeweile zu beenden. Wenn man den Müll hinausträgt als einen Akt der Anbetung, dann nimmt dies die Langeweile vom Hinaustragen des Mülls weg. Wenn man die Windeln wechselt als einen Akt der Anbetung, nimmt das die Langeweile aus dem Windelnwechseln heraus! Alles zu einem Akt der Anbetung zu machen, ist, mein Leben zu Gott hin zu leben und in allem meine Haltung zu prüfen, damit mein Herz ihm wohlgefällt; das ist **Anbetung!!** Zu Anbetung gehört immer, dass im Inneren unseres Herzens ein Herabkommen stattfindet, und deshalb ist Niedrigkeit ein wesentlicher Bestandteil einer wahren Anbetung!

Niedrigkeit wird auf vielerlei Weise konkret, wie zum Beispiel durch Freundlichkeit. Freundlichkeit fängt mit freundlichen Gedanken an; freundliche Gedanken bringen freundliche Worte hervor, und freundliche Worte resultieren in freundlichen Taten. Wenn ich freundliche Gedanken über meine Frau denke, bewirkt das in mir den Wunsch, ihr freundliche Worte zu sagen, und das Sprechen freundlicher Worte führt dann dazu, dass ich freundliche Dinge tue und ihr gegenüber freundlich handle.

Sprüche 19,22 sagt: „Das, was man sich von einem Menschen wünscht, ist Freundlichkeit" (wörtl. a. d. Engl.). Die Welt sehnt sich danach, ja begehrt danach, in den Menschen in unserer Gesellschaft Freundlichkeit zu sehen. In den letzten Tagen wird sie kein so rarer Juwel sein, wie es einmal war, denn es wird ein wirklich freundliches, niedriges Volk Gottes hervorkommen. Ist ein Ehemann seiner Frau gegenüber unhöflich, grob, gemein und ungehalten, dann entscheidet er sich für das genaue Gegenteil dieser Niedrigkeit der Gesinnung. Dasselbe gilt umgekehrt auch für die Frau.

> *Seid aber zueinander gütig, mitleidig, und vergebt einander, so wie auch Gott in Christus euch vergeben hat!* (Eph 4,32).

> *Zieht nun an als Auserwählte Gottes, als Heilige und Geliebte: herzliches Erbarmen, Güte, Demut, Milde, Langmut!* (Kol 3,12).

Der neue Mensch ist voll von Gottes Natur, und wir sollen den neuen Menschen anziehen und den alten Menschen ablegen.

Der alte Mensch ist gemein, unhöflich, beschwert sich oft und ist leicht reizbar; aber der neue Mensch ist freundlich, liebevoll, mitfühlend und dankbar!

Alles beginnt mit einem Gedanken. Wir werden aufgefordert, jeden Gedanken gefangen zu nehmen, damit er Christus gehorcht (vgl. 2 Kor 10,5). Den ganzen Kampf in diesem geistlichen Leben kann man immer auf einen Gedanken reduzieren. Wenn ich mich in meinen geistlichen Kämpfen so verhalte, dass ich mich immer nur mit einem Gedanken auf einmal auseinandersetze, dann entdecke ich, dass mich das Leben nicht überwältigt, dass ein Sieg mehr als möglich ist und dass Friede absolut praktizierbar ist. *Bewährten Sinn bewahrst du in Frieden, in Frieden, weil er auf dich vertraut* (Jes 26,3).

Ein sanftmütiges und niedriges Herz hat liebevolle Gedanken gegenüber Gott, anderen und sich selbst. Judas 21 sagt, dass wir uns in der Liebe Gottes halten sollen. Das heißt, dass ich in der Anbetung Gottes Liebe für mich selbst, für andere und für ihn empfangen soll. In dieser Gesinnung, die in Christus Jesus war, findet sich kein Aspekt der Natur des Bösen. In dieser Herzenshaltung in Christus Jesus wird nur Gerechtigkeit und echte Heiligkeit gefunden. Alles, was in 1. Korinther 13 beschrieben wird, finden wir in dieser Gesinnung Christi.

Eine weitere praktische Folge dieser Gesinnung ist der Wunsch, nicht von Menschen beachtet zu werden, sondern nur von Gott. Diese Herzenshaltung hat nicht den Wunsch, dass andere ihre guten Werke sehen, denn sie findet ihre Freude darin, dass sie alles, was sie tut, als dem Herrn tut, und deshalb hat es keinen Einfluss auf diese Person, wenn andere Leute sie nicht beachten. Von anderen ignoriert zu werden, ist für sie keine Beleidigung. Diese niedrige Gesinnung entdeckt in Wirklichkeit ihr wahres Leben der Selbsthingabe und des Opfers für Gott und andere, während sie ihr Leben verliert! Wenn eine Person mit dieser niedrigen Gesinnung ein Zimmer betritt, erhellt sich das Zimmer mit dem Licht und der Herrlichkeit Gottes. Die Liebe Gottes strahlt einfach aus ihrem Herzen auf jeden in ihrer Umgebung aus.

Der fortwährende Entschluss, sich zu demütigen, ist für jemand, der in dieser Gesinnung Christi leben möchte, ganz wesentlich; parallel dazu braucht er einen Glauben, der das Leben Christi empfängt, sodass dieses in ihm lebt. Er macht dabei die Entdeckung, dass der allgenügsame **Christus** in ihn hineinkommt und das, was er zuvor aus eigener Kraft nicht tun konnte, durch ihn tut; es sind also nicht mehr seine fleischlichen Bemühungen!

Es wird ein Endzeitvolk geben, das sich gemeinsam um ihn versammelt. Sie werden in den Kreis der göttlichen Herrlichkeit eintreten, ohne den Kreis zu durchbrechen. *Denn aus ihm und durch ihn und zu ihm hin sind alle Dinge! Ihm sei die Herrlichkeit in Ewigkeit! Amen* (Röm 11,36).

Dieser Kreis kann nicht unterbrochen werden. Alles kommt von ihm. Er ist die Quelle aller Dinge. Jesus ist der Kanal, durch den bzw. von dem alle Dinge kommen, und alle Dinge gehen zu ihm zurück. Deshalb bekommt Gott für immer alle Ehre für alle Dinge. Wenn ich mich, anstatt Jesus, als denjenigen sehe, durch den die Dinge kommen, dann unterbreche ich den Kreislauf und Gott erhält nicht die Ehre. Wenn ich mich als denjenigen sehe, von dem etwas kommt (als Quelle der Heilung, Befreiung usw.), dann unterbreche ich den Kreislauf und Gott erhält nicht die Ehre. Aber in den letzten Tagen wird es einen Überrest geben, der erkennen wird, dass alle Dinge von ihm sind und dass alle Dinge durch ihn sind und dass alle Dinge zu ihm hin sind. Dann werden sie anbeten und ihm die Ehre geben, die seinem Namen gebührt.

Als Nächstes wird dann folgen, dass diese Geschwister *durch die Erbarmungen Gottes ihre Leiber darstellen als ein lebendiges, heiliges, Gott wohlgefälliges Opfer* (vgl. Röm 12,1). Es wird ein Volk geben, das sich gemeinsam als lebendiges Opfer um ihn versammelt; und deshalb werden sie *heilig und Gott wohlgefällig* sein. Und sie werden nicht an dieses Weltsystem angepasst sein, sondern sie *werden verwandelt werden durch die Erneuerung* (durch den erneuerten Geist) *ihrer Gesinnung;* und dann werden sie den *guten, wohlgefälligen und* ***vollkommenen*** *Willen Gottes* beweisen (demonstrieren) (vgl. Röm 12,2).

In der jetzigen Zeit kommt ein Überrest hervor, der den tiefen Wunsch hat, ohne Hintergedanken, ohne Eigennutz und ohne selbstsüchtiges Bauen von Reichen zusammenzukommen – allein durch den aufrichtigen Wunsch, dass sich seine Herrlichkeit in ihrer Mitte und in ihrer Welt manifestiert! Diese Leute werden einen Willen – den vollkommenen Willen Gottes – demonstrieren. Sie werden völlig ohne Eigeninteresse sein Herz offenbaren und werden der Sache des Reiches Gottes völlig hingegeben sein. Sie werden echte Anbeter und mit dem Gewand der Demut bekleidet sein (vgl. 1 Pt 5,5.6).

Wenn ich mich dafür entscheide, diese Gesinnung in mir zu haben (vgl. Phil 2,5), werde ich erleben, dass diese Gesinnung in meinem Leben und Wandel viele praktische Auswirkungen hat. Einige dieser Auswirkungen werden sein, dass mein innerer Mensch immer mehr mit zärtlichen Gefühlen anderen gegenüber erfüllt ist, egal, was diese zuvor gesagt oder mir angetan haben. Ich werde Familienangehörigen gegenüber immer freundlicher werden und die anderen immer mehr durch Gottes Augen sehen. Ich werde Gottes Mitgefühl für andere wahrnehmen, während ich in der Vergangenheit vielleicht meine eigenen, fleischlichen Gedanken ihnen gegenüber wahrgenommen habe.

Erkennen wir als Gemeinde, dass es für Gott genauso wichtig ist, den Müll fröhlich hinauszutragen, wie eine Evangelisation mit 100 000 Leuten, bei der viele „Seelen errettet" und viele körperlich geheilt werden? Wenn jemand zu Gott hin lebt, dann erkennt er, dass die großen, wichtigen Veranstaltungen und die kleinen, privaten Treffen im eigenen Haus für Gott gleich wichtig sind!

Dienen zu wollen wird dann immer mehr zur Freude. Der Gedanke, meinem himmlischen Vater zu gefallen, wird immer aufregender und zufriedenstellender. Das eigene Gedankenleben wird nun mit Dankbarkeit, Lobpreis, Friede und Freude durchdrungen sein! Alle Stunden eines Tages werden aufregend, da man nie außerhalb seiner wunderbaren Gegenwart ist, und jeder Moment wird zu einer Gelegenheit, diesem einen zu gefallen! Das Leben verliert seine Monotonie.

Man fängt an, von innen her schön zu werden, und dann fängt der äußere Mensch an, an der inneren Schönheit teilzuhaben! Wir werden als Einzelne durch diese sanftmütige und niedrige Herzenshaltung verwandelt, und dann fangen ganze Familien an, sich zu verändern, Gemeindefamilien fangen an, Erweckung zu erleben, und ganze Gesellschaften fangen an, sich zu verändern. Man geht nun in die zweite Ruhe ein, von der in Matthäus 11,29 gesprochen wird – **Ruhe für die Seele.** Die **Ruhe für den Geist** wird zum Zeitpunkt der Neugeburt empfangen, aber nun fängt die Ruhe für die Seele an, das gesamte Denken, den Willen und das Gefühlsleben eines Menschen zu durchdringen. Die eigenen Gefühle dürfen einen nun nicht länger beherrschen und steuern.

Dinge, die uns so wichtig schienen, scheinen nicht mehr wichtig zu sein, und Dinge, die uns nicht besonders wichtig erschienen, scheinen nun sehr wichtig zu sein. Zum Beispiel sind die Probleme und Umstände des Lebens dann nichts im Vergleich zu unserer inneren Herzenshaltung in jeder beliebigen Situation!

Das Lamm hat überwunden, und der Geist des Lammes siegt noch immer über alle Konflikte im Leben.

Liebe Leser, Leben können wir nur auf dem Pfad des Todes erfahren. Wir wurden in den Tod Christi hineingepflanzt, aber wir müssen zulassen, dass dieses alte Leben in den Boden fällt und **stirbt!** Jesus sagte, dass das Weizenkorn in den Boden fallen und sterben muss, bevor es die Frucht des Auferstehungslebens freisetzen kann (vgl. Joh 12,24)! Es gibt keine Abkürzung, um diese schöne, Leben spendende und von Freude erfüllte Gesinnung des verherrlichten Königs zu erleben, außer täglich der alten Denkweise zu sterben, deren Wurzeln Stolz und Egoismus sind. Hat Gott schon den Wunsch nach diesem heiligen, demütigen und wunderbaren Leben **seines Sohnes** in Ihr Herz gesät?

***Deine Augen werden den König schauen in seiner Schönheit.***

Jesaja 33,17a

# KAPITEL 11

## Das Herz der wahren Anbetung

In diesem Kapitel werden wir uns mit dem Herz der wahren Anbetung befassen. Das Herz bestimmt ja, was und wer eine Person in Wirklichkeit ist. Jesus sagte, wahre Anbeter müssten im Geist und in der Wahrheit anbeten. Er tadelte religiöse Leute, weil ihre Anbetung nur aus Worten und traditionellen Formen bestand, ihre Herzen aber fern von Gott waren. Das Herz ist die wahre Person. Es ist diese unsichtbare Person im Innern eines jeden von uns; und es ist die Person, die der Herr ständig sieht (vgl. 1 Sam 16,7; 1 Pt 3,4).

Es geschieht im Herzen, dass jemand zu einem Anbeter wird. Alle Menschen wurden geschaffen, um anzubeten. Die Grundfrage ist, wer oder was unsere Herzen gewonnen hat. Das Herz ist geschaffen, um anzubeten. Das Herz eines jeden Menschen betet etwas oder jemanden an. Das Herz ist dort, wo unser Schatz ist. Wenn wir viel Zeit damit verbringen, über uns selbst nachzudenken oder wenn wir viel Geld für unsere eigenen Bedürfnisse ausgeben, dann beten wir den Gott des **Selbst** an! Wenn wir viel Zeit damit verbringen, über unsere Ehefrau, unsere Kinder oder unsere Eltern nachzudenken – und wenn sich unser Leben um unsere Familie, um unsere Ehefrau oder unsere Eltern dreht –, dann beten wir den Gott der **Familie** an (vgl. Luk 14,25-33). Wenn wir viel Zeit für unser Haus, unser Auto, unseren Garten, unser Boot usw. verwenden, dann beten wir wahrscheinlich den Gott der **irdischen Besitztümer** an. Und wenn wir auf der anderen Seite unsere Zeit damit verbringen, Fernsehfilme (insbesondere nur für Erwachsene zugelassene) anzusehen und Zeitschriften zu lesen, die von sexueller, sinnlicher Natur sind, dann beten wir wahrscheinlich den Gott des **Sex** an. Wenn wir in unserem Leben mit Essen und Süßigkeiten beschäftigt sind und wenn wir leben, um zu essen, statt essen, um zu leben, dann beten wir wahrscheinlich am „Schrein" des **Essens** an. Vielleicht verbringen wir viel Zeit in unserer Kirche, reden über unsere Religion und sind mit unseren religiösen Aktivitäten und Lehren beschäftigt, dann beugen wir uns wahrscheinlich dem Gott der **Religion** (und davon gibt es Tausende!). Ein weiterer beliebter Gott ist der Gott des Sports. Wenn wir unsere Zeit damit verbringen, Sportsendungen anzusehen oder Sport zu treiben und dies einen großen Teil unserer Zeit in Anspruch nimmt, dann ist wahrscheinlich **Sport** der Gott, den wir anbeten. Daneben gibt es auch noch die Götter der **Unterhaltung,** Götter des **Geldes** und viele, viele weitere; aber jeder betet irgendetwas oder irgendjemand an. Wer oder was unser Herz gewonnen hat, bestimmt, wo unser wahrer Schatz sich wirklich befindet. Unser Herz wurde zum Zweck der Anbetung geschaffen; und jeder von uns muss sich entscheiden, welchen Gott er lieben will.

Der Psalmist sagte: *Wen habe ich im Himmel? Und außer dir habe ich an nichts Gefallen auf der Erde* (Ps 73,25). Dies war sicherlich das Herz eines wahren Anbeters – David, der verkündete, dass er nur ein Ding begehrte, und das war, im Haus Gottes zu sein, um die Schönheit des Herrn anzusehen (vgl. Ps 27,4). Er sagte auch, dass in der Gegenwart des Herrn Fülle der Freude und ewige Wonne ist (vgl. Ps 16,11). Der Herr selbst erklärte, dass David ein Anbeter war, dessen Herz nach Gottes Herzen war. Wenn der Herr das Herz eines Menschen gewinnt, wird dieser die Gegenwart des Herrn ständig vor sich haben und er wird alles, was er tut, für den Herrn tun und nicht für Menschen.

Die natürliche Folge davon, für Gott zu leben, ist, dass ein Automechaniker nun an allen seinen Fahrzeugen für den Herrn arbeitet, und er arbeitet nur noch so, als würde er das Auto des Herrn reparieren! Ein Arzt behandelt dann alle Patienten so, als würde der Herr selbst ihm gegenübersitzen. Ein Rechtsanwalt, der ein Anbeter Gottes ist, behandelt jeden Kunden, jeden Richter und jeden Kriminellen so, als handele es sich um den Herrn selbst (Eph 6,5-9; Ps 16,8; 1 Kor 10,31; Kol 3,17-25).

Ein Anbeter Gottes versucht immer, dem Herrn zu gefallen (vgl. 2 Kor 5,9; 1 Joh 3,22). Weil er sein Bestes immer für Gott und nicht für Menschen tut, ist ein echter Anbeter immer einer der Allerbesten in seinem Lebensbereich, ob es nun um das Geschirrspülen, Windelwechseln, Rasenmähen, Fensterputzen, Leiten einer Firma, Fahren eines Lkw, Durchführen einer Operation oder was auch immer geht. Ein Anbeter sieht sein ganzes Leben als eine Gelegenheit, den einen, den er verehrt, im Geist und in der Wahrheit anzubeten. Diese ganzheitliche Vorstellung von Anbetung lässt alle Langeweile und Monotonie im Leben verschwinden, denn das ganze Leben besteht nun aus einem Erlebnis der Anbetung nach dem anderen! In diesem Abenteuer, ein hingegebener Anbeter dieses Ehrfurcht gebietenden, wahren und lebendigen Gottes zu sein, der unserer Liebe und Verehrung so würdig ist, gibt es keine Unterbrechung! Jesus, der größte Anbeter aller Zeiten, sagte, er habe immer die Dinge getan, die dem Vater gefielen; und der Vater sagte: „Mein Sohn, an dem ich Wohlgefallen habe."

Welch eine Liebesbeziehung! Der Vater möchte den Sohn ehren, der Sohn sehnt sich danach, den Vater zu verherrlichen und zu ehren, und der Geist kommt nur, um den Sohn zu verherrlichen. In der Tiefe des Herzens des dreieinigen Gottes ist völlige Selbstlosigkeit! Der Herr hat den Wunsch, jedem seiner Kinder sein eigenes Herz zu geben, damit sie fruchtbar sind und sein Wesen und Bild im gesamten Universum vermehren. Die Welt mit dem **Herzen** und dem **Bild** Gottes zu erfüllen, hatte Gott schon immer im Sinn.

Ganz bestimmt war es niemals die Absicht Gottes, diesen schönen Planeten mit einem egozentrischen, abscheulichen, stolzen und bitteren Herzen zu erfüllen, und doch sind so viele Menschenleben durch diese stolze, egoistische Herzenshaltung zerstört worden. Wie wäre unser Leben, wenn Gott solche Gedanken über uns hätte, wie wir sie über andere haben?

Judas trägt uns auf, uns in der Liebe Gottes zu halten (vgl. Judas 21a), und Jesus sagt uns, wir sollten weiterhin in seiner Liebe bleiben (vgl. Joh 15,9). Das Leben wurde uns gegeben, damit wir es in Gottes Reich der Liebe leben. Seine Liebe fließt von seinem Thron zu mir, für mich; und dies erweicht mein Herz und bewirkt, dass ich Buße tue von bösen Gedanken. Seine Liebe fließt von seinem Thron zu mir für andere; und das hat Fürbitte und barmherzige Werke für andere zur Folge. Und schließlich fließt seine Liebe von seinem Thron zu mir und zu ihm zurück; und daraus resultiert Anbetung. Bleiben Sie in der Liebe Gottes!

Johannes sagte, dass die Liebe von Gott kommt. Menschliche Liebe ist eine billige, wertlose Imitation der echten. Das Echte ist die Liebe Gottes, und er möchte seine eigene Liebe durch den Heiligen Geist in unsere Herzen ausgießen (vgl. Röm 5,5). Der Herr sucht nach Anbetern, die ihn 24 Stunden am Tag anbeten und dem Geist seines Sohnes in ihren Herzen gehorchen; und dieser Geist füllt ihre Herzen mit seinem eigenen **Herz** der **Liebe von Golgatha** (eine mitfühlende, demütige, niedrige Haltung der **Barmherzigkeit**). Oft ist unser Herz versucht, andere zu richten, von denen wir das Gefühl haben, sie hätten gesündigt oder uns ungerecht behandelt, aber der Herr möchte, dass wir **Erbarmen** mit ihnen haben, denn Gnade triumphiert über das Gericht (vgl. Jak 2,13). In der Endzeit wird es ein Volk geben, das mit dem Herzen Gottes erfüllt ist! (vgl. Mt 5,43-48; 1 Joh 4,9-13). Das Gesetz fordert Gerechtigkeit, aber die Liebe verlangt nach **Erbarmen!** Deshalb redet das Blut Christi größere Dinge als das Blut von Abel (vgl. Heb 12,24).

Wie ein Mensch in seinem Herzen denkt, so ist er (vgl. Spr 23,7a; wörtl. a. d. Engl.). Was wirklich im Innersten eines Menschen steckt, erkennt man an dem, was aus seinem Herzen kommt. Jesus sagte, dass die folgenden Dinge ständig aus dem Herz des Menschen kommen: böse Gedanken, Mord, Ehebruch, Unzucht, Diebstahl, falsches Zeugnis, Gotteslästerung, Gier usw. (vgl. Mt 15,17-20).

Das Herz versucht ständig, das zu kundzutun, was in ihm ist. Wenn jemand Christus in sein Leben aufnimmt, dann verbindet sich der Auferstandene Herr mit dem Geist dieser Person und wird zur Quelle ihres Herzens (vgl. 1 Kor 6,17). Dies wird ein neues Herz genannt. Mit anderen Worten, wenn eine Person gerettet wird, ändern sich ihre Gefühle von Hass zu Liebe. Ihr

Wille ändert sich ebenfalls. Statt egoistischen Wünschen dienen zu wollen, will sie nun Gottes Herz gefallen. Wie sie denkt und wie sie Menschen und das Leben betrachtet, wird völlig verändert, und sie geht von der Finsternis zum Licht. Es ist, als habe sich die gesamte Welt verändert, doch in Wirklichkeit ist es nur ihr Herz (ihr wahres Selbst), das sich verändert hat! Wenn ein Gläubiger sich dem Heiligen Geist hingibt, fängt das Herz Jesu an, sein **Herz** zu übernehmen und vollkommen zu machen, und die beiden (das Herz von Jesus und das Herz der Person) werden **eins!** Jesus betete für seinen ganzen Leib, dass sie vollkommen **eins** gemacht werden, so, wie er und der Vater **eins** sind! (vgl. Joh 17,20-23).

Heute ergeht ein Ruf an die Gemeinde, vollkommen zu werden (vgl. Heb 6,1). Der einzige Weg dahin ist, zuzulassen, dass der **Vollkommene** voll und ganz in unseren Herzen regiert (vgl. 1 Pt 3,15; Eph 3,17-21; Apg 2,1.2; Heb 13,21). Es ist an der Zeit, dass wir geistlich erwachsen werden und von der Milch entwöhnt werden, damit unser Herr uns in die Tiefen seines eigenen Herzens hineinführen kann.

Das Herz ist jene unsichtbare Person, die dazu erschaffen wurde, ein Anbeter Gottes zu sein. Das Herz kann geteilt sein (vgl. Ps 12,1.2); es kann verstockt werden (vgl. Mt 13,15); es kann ferne von Gott sein (vgl. Mt 6,5); es kann voll bösen Unglaubens sein (vgl. Heb 3,12); es kann von Satan erfüllt sein (vgl. Apg 5,3); es kann unbeschnitten und hartnäckig sein (vgl. Apg 7,51); es kann finster sein (vgl. Röm 1,21); und es kann unbußfertig sein (vgl. Röm 2,5).

Alle Fragen des Lebens kommen aus dem Herzen einer Person (vgl. Spr 4,23). Das Herz ist eine unsichtbare, geistliche Persönlichkeit in uns, die fühlen kann (vgl. 1 Mo 6,6), denken und sich etwas ausdenken kann (vgl. 1 Mo 6,5), sprechen kann (vgl. 1 Mo 8,21; 5 Mo 7,17; Zef 2,15) und wollen kann (vgl. 2 Mo 25,2; 35,5). Es ist tatsächlich die unsichtbare Person in uns, die der Herr vor allem anderen ansieht (vgl. 1 Sam 16,7). Wenn es klar ist, dass der Herr nur das Herz ansieht und nicht das Äußere, dann kann man verstehen, dass alle wahre Anbetung aus dem Herzen einer Person kommt! Gott hat ein Herz (vgl. 1 Mo 6,6; 8,21), der Mensch hat ein Herz (vgl. 1 Mo 6,5), und auch Satan hat ein

Herz (vgl. Hes 28,17; Jes 14,13). Im Innern des Herzens wird das wahre, anbetende Selbst gefunden.

Ein Mann und eine Frau wollen heiraten und sind begeistert voneinander. Sie haben das Gefühl, dass sie genau wissen, wen sie heiraten, aber stimmt das auch? Der Tag der Hochzeit kommt, und sie sind verheiratet. Das erste Jahr ihres gemeinsamen Ehelebens scheint ziemlich gut zu gehen, aber im zweiten Jahr fangen die Probleme in ihrer Beziehung an. Sie ist im siebten Monat schwanger, und er hat das Gefühl, sie müsse sich ihrer Bedürfnisse als Ehepaar mehr bewusst sein. Sie gibt ihrem Ehemann zu verstehen, dass es andere wichtige, naheliegende Dinge gibt, wie zum Beispiel, sich auf das neue Baby vorzubereiten und alle notwendigen Vorkehrungen zu treffen, wie zum Beispiel ein entsprechendes Zimmer. Sie fangen an, sich auseinanderzuleben aufgrund der Tatsache, dass sie das Leben aus zwei völlig unterschiedlichen Blickwinkeln sehen. Was für ihn wichtig ist, ist für sie nicht so wichtig, und in beiden entsteht ein innere Frustration (Ärger) über den anderen.

In den nächsten vier Jahren umarmt sich das Paar nur noch selten und ist kaum noch freundlich zueinander, aber sie haben weiterhin ein reges Sexualleben. Beide sind davon überzeugt, dass sie andere Verantwortlichkeiten haben, die wichtiger sind, als einander echte Liebe zu „zeigen". Sie ist tief verletzt, und er fühlt sich in seinen Gedanken gerechtfertigt, dass er als der Herr des Hauses tut, was notwendig und wichtig ist. (Sie haben inzwischen zwei Kinder.)

Was ist nun das Problem in dieser Beziehung? Liegt es daran, dass sie nicht genügend Zeit haben, um miteinander zu sein? Liegt es daran, dass sie zwei Kinder haben? Oder liegt es vielleicht daran, dass sie aus zwei verschiedenen familiären Hintergründen kommen?

Nein. Ich bin eher der Meinung, dass das Problem in dieser Ehe entstand, weil sie eigentlich nicht verstanden hatten, wen sie geheiratet hatten. Die echte Person, die jemand heiratet bzw. mit der er eine Beziehung hat, ist diese verborgene, unsichtbare, fühlende, denkende, sprechende Person, die das **Herz** genannt wird.

Jesus ging in den Evangelien häufig auf diese Person ein. In der Bibel steht dann zum Beispiel: „Jesus, der die Gedanken in ihren Herzen kannte, antwortete ihnen und sagte ..." Immer wieder reagierte Jesus nicht auf das, was jemand mit seinen Lippen sagte, sondern auf die innere Rede, die aus dem „Menschen des Herzens" kam. Andere sind der Meinung, dass das Herz eigentlich das ist, was heute mit Unterbewusstsein bezeichnet wird.

Das Herz ist tiefer als das Bewusstsein. In Philipper 2,5 sagt Paulus: *Habt diese Gesinnung in euch, die auch in Christus Jesus [war].* Dies kann auch so korrekt übersetzt werden: „Lasst diese Herzenshaltung in euch sein, die auch in Jesus Christus war." Es geht weniger um das, was ich denke, als um **das Warum hinter dem, was ich denke.**

In Sprüche 16,2 steht: *Alle Wege eines Mannes sind lauter in seinen Augen, aber der die Geister prüft, ist der HERR.* Paulus sagte, dass wir im Geist unserer Gesinnung (vgl. Eph 4,23) erneuert werden müssten; und in dieser Erneuerung des Geistes der Gesinnung zieht man eigentlich den neuen Menschen (die neue Persönlichkeit) an, die in Gerechtigkeit und wahrer Heiligkeit geschaffen wurde (vgl. Eph 4,24).

Das wahre Herz der Anbetung ist die Schönheit der Heiligkeit, die in Christus Jesus ist. David sagte, wir sollten Gott in der Schönheit der Heiligkeit anbeten (vgl. Ps 29,2). Wenn ich Gott in der Schönheit der Heiligkeit anbete, dann lebt die Gesinnung Christi von einem Augenblick zum nächsten in mir. Das führt zu einem **schönen Herzen,** das durch seine Gedanken, Worte und Taten die Heiligkeit Gottes in Christus offenbart. Dieses niedrige Herz bzw. die Gesinnung Christi ist das **Herz der Anbetung,** das Gott dem Vater **wohlgefällig** ist (vgl. Heb 13,21). Am Ende wird es einen gemeinschaftlichen Leib des Sohnes Gottes auf der Erde geben, und der Vater wird noch einmal sagen: „Mein Sohn, an dem ich Wohlgefallen habe."

Es gibt einen Hauptfeind, der ständig allen widersteht, die den Wunsch haben, Anbeter des Lammes zu sein. Dies ist nicht der Teufel, sondern es ist das stolze Herz! Der allererste Rebell entschied sich, Gott ins Angesicht „Ich will" zu sagen. Musste Luzifer sagen: *Zum Himmel will ich hinaufsteigen, hoch über den Sternen Gottes meinen Thron aufrichten und mich niedersetzen auf den Versammlungsberg im äußersten Norden. Ich will hinaufsteigen auf Wolkenhöhen, dem Höchsten mich gleichmachen* (Jes 14,12-14)? Musste Luzifer eine Entscheidung treffen, oder hätte er einfach dienen und aus der echten Quelle des Lebens, Gott selbst, leben sollen?

Als Luzifer zum ersten Mal in seinem Herzen sprach, er werde hinaufsteigen, war dies meiner Meinung nach möglicherweise der Zeitpunkt, dass in einem hohen Zustand des Herzens Stolz geboren wurde und dass dann ein unabhängiger Geist in Existenz kam.

Es stellt sich die Frage: War der Mensch jemals dazu gedacht, unabhängig zu sein und seine eigenen Entscheidungen zu treffen, oder sollte er einfach vertrauen und aus dem Leben eines anderen (d. h. Gottes) leben?

Ich glaube, dass die wahre Wurzel des Stolzes in seiner hohen Meinung über sein eigenes Leben gefunden werden kann. Das Wesen der Niedrigkeit dagegen ist, dass sie demütig akzeptiert, dass sie völlig vom Leben eines anderen abhängig ist; und das ist das wahre Herz der Anbetung!

> *Kommt, lasst uns anbeten und uns neigen, lasst uns niederknien vor dem HERRN, der uns gemacht hat!* (Ps 95,6).

Das Herz der Anbetung ist ein Herz, das sich vor dem König beugt. Er allein sieht, was mein Herz tut. Äußerlich sehe ich vielleicht sehr demütig aus, während ich predige, bete oder singe, aber er sieht das **Herz,** das predigt, betet und singt. Anbetung muss mit einer Haltung meines Herzens beginnen. Welche Herzenshaltung habe ich in den kleinsten Dingen des Lebens, wie zum Beispiel, wenn ich mit meinen Kindern oder meiner Frau rede? Welche Herzenshaltung habe ich in Bezug auf eine Arbeit, die man als unwichtig oder monoton beschreiben könnte? Wie ist es bei einer kleinen, niedrigen Aufgabe, wie den Müll hinauszutragen? Für meinen Herrn ist meine Haltung extrem wichtig. Kommt, lasst uns anbeten und uns niederbeugen! Das Herz des Stolzes wird nur sich selbst anbeten, sein eigenes Verlangen, seine eigenen Wünsche und Ziele. Stolz will angebetet werden und kann deshalb niemals Gott anbeten. Es gibt viele Widerstände im Innern des menschlichen Herzens und der Seele, und wenn jemand ein echter Anbeter wird, werden diese Widerstände niedergerissen. Dann wird er sich im Innern beugen. Mit anderen Worten, etwas im Inneren kommt herunter und beugt sich vor der souveränen Herrschaft seines Schöpfers!

Leviathan, der das wahre Wesen Satans repräsentiert, wird als einer beschrieben, dessen **Herz** so fest wie **Stein** ist (vgl. Hiob 21,24). Er wird der König über alle Kinder des Stolzes genannt (vgl. Hiob 41,34).

Der Herr hat beschlossen, das Haus des Stolzen zu zerstören (vgl. Spr 15,25). Er hat verkündet, dass ihm jeder, der in seinem Herzen stolz ist, ein Gräuel ist (vgl. Spr 16,5). Er widersteht völlig dem Stolz im Menschen (vgl. Jak 4,6; 1 Pt 5,5). Stolz hasst es, Gott zu ehren; er liebt es, selbst geehrt zu werden. Ein stolzes Herz ist ein Herz, das erhöht ist. Wenn mein Herz erhöht ist, liegt dies daran, dass ich in meinen heimlichen Gedanken meine eigene Person und meine eigenen Leistungen ehre und erhebe.

Anbetung muss Gott freiwillig aus unserem Herzen gegeben werden. Aus diesem Grund sagte der Herr zu Mose, er wolle nur Opfer, die die Leute bereitwillig und von Herzen geben. Gott liebt einen fröhlichen Geber (vgl. 2 Mo 25,2; 35,5; 2 Kor 9,7). Deshalb wollen wir unsere Opfer bringen (Lobpreis, Danksagung und Liebe) und in seine Gegenwart kommen. Echte Anbetung kommt aus einem niedrigen, niedergebeugten Herzen, das freiwillig alle Herrlichkeit und Ehre und Anerkennung diesem großen und Ehrfurcht gebietenden Gott gibt – nicht nur an einem Sonntagmorgen, sondern insbesondere auch montagmorgens. Wenn der Herr dieses niedrige Herz der Anbetung sieht, riecht er einen süßen Duft in seiner Nase, und das ist sehr angenehm für seine Sinne!

Gott wird mich nie demütigen. Er wird mich nur von außen demütigen; ich muss mich von innen her demütigen. Der Herr nimmt vielleicht von außen (in den Lebensumständen) das, was ich ihm aus dem Innern meines Herzens nicht gegeben habe – die Ehre, die ihm gebührt. Wenn ich nicht anerkenne, dass all meine physische Stärke aus seinem Erbarmen und seiner Gnade kommt, dann werde ich eines Tages vielleicht die Erfahrung machen, dass ich nicht gehen kann; und dann werde ich in einer

Situation sein, in der ich hoffentlich durch meine Lebensumstände anerkenne, dass es an Gottes Gnade liegt, dass ich jeden Tag atmen und gehen kann! Es ist ein Segen für den Herrn, mir mein böses Herz zu zeigen, da dies ein Herz der Anbetung in mir bewirken wird; denn der, dem viel vergeben ist, wird viel lieben, und der, dem wenig vergeben ist, wird wenig lieben! (vgl. Luk 7,36-47). Wenn der Herr uns unsere stolzen Herzen offenbart, fangen wir hoffentlich an, sein Herz der Niedrigkeit und Sanftmut zu empfangen; und dieses Herz ist es, das Gott anbetet und ihn erhebt.

Ein Gläubiger wurde aus dem Reich Satans in das Reich von Gottes liebem Sohn versetzt (vgl. Kol 1,13). Das Reich Satans ist im Stolz verwurzelt, und das Reich Gottes ist in Demut verwurzelt! Der Geist, der in den Söhnen des Ungehorsams wirkt, ist der Geist Satans, das heißt Stolz. Und wenn ein Gläubiger sich entscheidet, im Stolz zu wandeln, entscheidet er sich in Wirklichkeit dafür, dass Satans Reich in seinem Leben das Sagen hat.

Wenn ein Gläubiger sich demütigt, dann betritt er eigentlich das Herz Jesu; und nun können die Natur und der Charakter des Reiches Gottes in ihn hineinkommen! Es ist ein schöner Anblick, wenn jemand sich wirklich demütigt, damit das Himmelreich in sein Herz hineinkommen kann! Im Epheserbrief wird uns gesagt, wir sollten alle Bitterkeit, Neid, Boshaftigkeit usw. abtun. Boshaftigkeit bedeutet, dass es Kränkungen im Herzen eines Menschen gibt, die noch nicht behandelt worden sind! Jede sündige Tat und Haltung kommt aus einem verwundeten Herzen des Stolzes, das im Herzen des Menschen immer noch in Ehren gehalten wird. Wenn ich mein Herz für den Stolz öffne, dann öffne ich mich für das Reich der Finsternis; und dann darf alles Übel dieses anderen Königreichs durch mein stolzes Herz hereinkommen. Gott widersteht den Stolzen; das Wort „widersteht" weist daraufhin, dass Gott dazu im Widerstand steht! Wenn ich stolz bin, dann wird Gott zu meinem Feind (vgl. Jak 4,4).

Nur ich selbst kann mich dafür entscheiden, mich zu demütigen, damit ich Gott in der Schönheit eines niedrigen Herzens anbeten kann. Und wenn ich es nicht tue, kann ich, selbst wenn Gott mein Herz verändert, wie er es bei König Saul tat, meinen

Lebensweg dennoch voller übler Taten beenden! Saul entschied sich, David zu hassen und eifersüchtig auf ihn zu sein; diese Entscheidung kam aus einem Herzen, das sich im Stolz erhoben hatte. In unserer Zeit sucht der Geist Gottes solche, die sich demütigen werden, damit er ihnen ein zartes Herz, ein vollkommenes Herz und ein Herz voller **Anbetung** und Liebe für den **König** geben kann (vgl. 1 Chr 29,19; 2 Kö 22,19; 23,25; 2 Chr 25,2).

Stolz bewirkt, dass sich das Herz eines Menschen in Gottes Sicht erhebt; und dann verlangt er danach, selbst angebetet zu werden, statt Gott anzubeten (vgl. Hes 28,2). Genau an diesem Punkt ist es, dass jemand sich täuschen lässt. Obadja 1,3a sagt: *Der Übermut deines Herzens hat dich betrogen ...* Stolz macht das Herz einer Person blind, sodass sie in gewissen Bereichen kein Licht mehr empfangen kann. Gott ist Licht, und weil er den Stolzen widersteht, wird er uns in allen Bereichen widerstehen, in denen wir Stolz in unser Herz gelassen haben.

Oft sind auch unsere Lehren in Stolz und nicht in der Wahrheit gegründet. Dies verschließt mein Herz für das Licht, das Gott mir in Bezug auf eine bestimmte Wahrheit geben möchte. Gott wies König Belsazar zurecht, weil dieser sein Herz nicht demütigte, obwohl er wusste, dass sein Vater Nebukadnezar für sein stolzes Herz gerichtet worden war (vgl. Dan 5,22). Stolz wird immer verhindern, dass Anbetung durch das Herz eines Menschen fließt. Warum hasste Kain seinen Bruder? Weil er sein Herz dem Stolz gegenüber öffnete und eifersüchtig wurde und seinen Bruder hasste; und die Bibel sagt, dass Kain aus diesem Bösen war (vgl. 1 Joh 3,12). Mit anderen Worten, es war der gleiche Geist des Stolzes von Satan, der das Wesen des Hasses und der Eifersucht in Kain manifestierte. Jakobus sagt, dass dort, wo Neid ist, Verwirrung und jedes böse Werk ist (vgl. Jak 3,16). Davids ältester Bruder, Eliab, klagte David an und hasste ihn, weil sein Herz eifersüchtig auf die Salbung Davids war. Er konnte das Gute in David nicht sehen, weil Eifersucht das Herz einer Person für die Wahrheit über den, auf den er eifersüchtig ist, verblendet. Eifersucht macht eine Person auch blind dafür, etwas von diesem anderen zu empfangen; und so gilt, dass der Segen, den Gott ihm geben wollte, durch sein eifersüchtiges, stolzes Herz blockiert wurde. Anbetung entsteht dadurch, dass jemand dem Herrn erlaubt, die Widerstände des Stolzes in seinem Herzen niederzureißen; dann wird er innerlich herabkommen und sich in Anbetung beugen. Paulus bezieht sich auf den *Leib der Sünde* (vgl. Röm 6,6) und das *Geheimnis der Gesetzlosigkeit* (vgl. 2 Thess 2,7). Kann es sein, dass er sich dabei auf das Wirken des Stolzes im menschlichen Herzen im Lauf der Zeitalter bezieht?

Das echte Herz der Anbetung finden wir im Sohn Gottes, dessen Herz demütig und niedrig war; er beteuerte gerne, dass er *von sich selbst nichts tun* konnte (vgl. Joh 5,19.30). Er fand im Wissen, dass er ganz vom Leben eines anderen abhängig war, völlige Ruhe und Frieden. Wenn wir in die geistliche Natur des Stolzes eintreten, wird uns sehr bewusst, wie wichtig wir sind und wie fähig wir sind, zu leben und die anstehenden Aufgaben zu erledigen. Wie raffiniert Stolz doch sein kann – und äußerlich hat er immer noch den Anschein von Güte.

Daniel war niedrig, aber sehen Sie sich den Mut und die Kraft an, die dieses anbetende, niedrige Herz demonstrierte. Paulus betonte stark die Notwendigkeit, in aller Niedrigkeit der Gesinnung zu wandeln, aber sehen Sie sich die Kraft und die Autorität an, die er demonstrierte. Petrus hatte so viel Kraft, dass schon allein sein Schatten viele Wunder bewirkte; und doch forderte er den gesamten Leib der Gläubigen eindringlich auf, mit Demut bekleidet zu sein, weil Gott den Stolzen widersteht (vgl. 1 Pt 5,5). Und schließlich hat der **allmächtige** Gott **für immer und ewig** das **geschlachtete, getötete, kleine Lamm** auf seinen **Thron** gesetzt, und von dem Lamm werden die sieben **Geister** Gottes auf die ganze Erde ausgesandt (vgl. Offb 5,5-7).

Das **Herz** der **Anbetung** ist ein **niedriges, niedergebeugtes Herz** der Hingabe an einen **allmächtigen, allumfassenden, souveränen Herrscher über alle Welten für immer;** und **dieser Anbeter wird niemals mehr Furcht vor einer anderen Person** oder einem anderen Gott haben!!

***Deine Augen werden den König schauen in seiner Schönheit.***

Jesaja 33,17a

# KAPITEL 12

## Schlussgedanken

Die Schönheit der Heiligkeit ist ein Geheimnis, das man in einem geheimen Ort, der als der Schoß Gottes bekannt ist, entdecken muss. Joh 1,18: *Niemand hat Gott jemals gesehen; der eingeborene Sohn, der in des Vaters Schoß ist, der hat [ihn] kundgemacht.* Das Ewige Wort kam als Mensch auf die Erde, um vollständig zu offenbaren, was im Herzen des Vaters war. Jesus sagte zu Philippus: *Wer mich gesehen hat, hat den Vater gesehen* (Joh 14,9). Als der Herr Jesus auf die Erde kam, kam er, um jenen den Namen seines Vaters bekanntzumachen, die Augen zu sehen und Ohren zu hören hatten (vgl. Joh 17,6). Er erklärte öffentlich, er habe den Namen seines Vaters jenen offenbart, die ihm der Vater gegeben habe. Wenn jemand das Angesicht Jesu Christi (seine Gegenwart) sieht, dann sieht dieser das Licht der Erkenntnis der **Herrlichkeit** Gottes (vgl. 2 Kor 4,6). Als Jesus im Fleisch war, offenbarte er denen in seiner Umgebung vollständig das innerste Herz Gottes. Johannes sagte, das Wort sei Fleisch geworden und habe unter uns gewohnt und verkündet, **wer** der unsichtbare Gott im Kern seines Wesens war.

Der Apostel, den Jesus liebte, teilte seinen Lesern auch mit, dass dieses **ewige Leben** gesehen, gefühlt, berührt und erlebt werden konnte. *Was von Anfang an war, was wir gehört, was wir mit unseren Augen gesehen, was wir angeschaut und unsere Hände betastet haben vom Wort des Lebens – und das Leben ist* *geoffenbart worden, und wir haben gesehen und bezeugen und verkündigen euch das ewige Leben, das bei dem Vater war und uns geoffenbart worden ist* (1 Joh 1,1.2). Dieses **Leben** war das gleiche **Leben,** das am Anfang im Vater war. Echte Gemeinschaft im Leib Christi wird eine Folge dessen sein, dass Gläubige an diesem **Leben** teilhaben und miteinander Brot brechen, indem sie dieses **Leben** des **Sohnes** täglich einander im Abendmahl der Heiligen austeilen! Was meinte Johannes, als er sagte, dass das **Leben** geoffenbart wurde? (vgl. 1 Joh 1,2). Dieses **Leben** wohnte in dem irdenen Gefäßes eines menschlichen Körpers, und es wurde freigesetzt, als Jesus Leprakranke berührte, die keine anderen religiösen Leute zu berühren wagten.

Dieses Leben wurde geoffenbart, als Jesus Kindern, Prostituierten, den Schuldigen, den Unterdrückten, denen, die ihn hassten, und denen, die ihn verachteten, Mitgefühl und Erbarmen entgegenbrachte! Johannes hörte, wie dieses Leben das Herz des Vaters offenbarte, als es diese Worte sprach: *Vater, vergib ihnen! Denn sie wissen nicht, was sie tun* (Luk 23,34). Dieses **Leben** manifestierte sich als extreme Freude mitten im Leid ohne jedes Klagen. Dieses Leben wurde geoffenbart, indem es noch Hymnen sang, als ihm die Qual, die Sünde der Welt tragen zu müssen, bevorstand! Dieses Leben zeigte sich, indem es zu sehr unfreundlichen Menschen freundlich war. Dieses Leben manifestierte sich insbesondere in täglichen Haltungen, barmherzigen Taten, langmütigen Antworten und allen möglichen Reaktionen göttlicher Stärke und Weisheit gegenüber ständigen dämonischen Angriffen auf die Psyche und Seele des Menschensohnes! Dieses manifestierte **Leben** wurde in seinen Grundsätzen gelehrt und aus der Tiefe des Herzens Jesu gelebt, als er täglich das Kreuz trug und eine Million Tode starb, bevor er dann an den verfluchten Baum auf Golgatha genagelt wurde! Johannes hatte wahrhaftig ein **Leben** gesehen, das sich in seiner Gegenwart und in der Gegenwart anderer auf wunderbare Weise manifestierte.

*Und dies schreiben wir euch, damit eure Freude vollkommen sei* (1 Joh 1,4 [Schl]). Welch eine Aussage: Wir schreiben diese Dinge über dieses **Leben,** damit eure **Freude vollkommen** sei! Wenn jemand die Schönheit der Heiligkeit vor Augen hat, tritt er in ein **Leben** ein, das eine volle **„Freudendividende"** liefert! Dieses **Leben** ist **Heiligkeit** in seiner höchsten Schönheit! Dieser niedergelegte Lebensstil ist, was die innere Schönheit des Herzens Gottes ständig tut. Dieses **Leben** nimmt das Unrecht anderer auf sich. In 1. Petrus 3,16-18 nennt Petrus es „der **Gerechte** für die **Ungerechten"!**

Jesus sagte seinen Jüngern, dass viele Propheten und Könige gerne die **Dinge gesehen** hätten, die sie sahen, und die **Dinge gehört** hätten, die sie hörten.

> *Alles ist mir übergeben von meinem Vater; und niemand erkennt, wer der Sohn ist, als nur der Vater, und wer der Vater ist, als nur der Sohn, und wem der Sohn [ihn] offenbaren will. Und er wandte sich zu den Jüngern allein und sprach: Glückselig die Augen, die sehen, was ihr seht! Denn ich sage euch, dass viele Propheten und Könige begehrt haben, zu sehen, was ihr seht, und haben es nicht gesehen, und zu hören, was ihr hört, und haben es nicht gehört* (Luk 10,22-24).

Was war es, das die Propheten und die Könige zu sehen begehrten, es aber nicht konnten? Die Kraft Gottes? Nein, die sahen sie. Vielleicht die Engel Gottes? Nein, sie sahen sie. Wie ist es mit der Weisheit Gottes? Nein, darin wandelten sie. Vielleicht bezieht es sich nur auf die Person Christi? Das glaube ich aus zwei Gründen nicht: Erstens sagte er klar und deutlich „die Dinge", nicht „wen"! Zweitens sah Mose, ein großer Prophet des Alten Testaments, den Herrn, und er hielt die Reichtümer Christi für größere Reichtümer als die Reichtümer Ägyptens.

> *... indem er die Schmach des Christus für größeren Reichtum hielt als die Schätze Ägyptens; denn er schaute auf die Belohnung. Durch Glauben verließ er Ägypten und fürchtete die Wut des Königs nicht; denn er hielt standhaft aus, als sähe er den Unsichtbaren* (Heb 11,26.27).

*Denn wenn ihr Mose glaubtet, so würdet ihr mir glauben, denn er hat von mir geschrieben* (Joh 5,46). Mir scheint es angebracht zu sagen, dass die Dinge, die die Jünger Jesu sahen und hörten, in Wirklichkeit eine Manifestation des **ewigen Lebens Gottes** waren, das vom Anfang der Zeiten an da war; aber jetzt wurde es geoffenbart für alle, damit sie die Majestät seines eigenen empfindsamen Herzens bzw. das, was in diesem Buch mit der Schönheit der Heiligkeit bezeichnet wird, sahen!

> *Denn dies ist die Botschaft, die ihr von Anfang an gehört habt, dass wir einander lieben sollen. Nicht wie Kain [sollen wir sein, der] aus dem Bösen war und seinen Bruder ermordete. Und weshalb ermordete er ihn? Weil seine Werke böse waren, die seines Bruders aber gerecht. Wundert euch nicht, Brüder, wenn die Welt euch hasst. Wir wissen, dass wir aus dem Tod in das Leben hinübergegangen sind, weil wir die Brüder lieben; wer nicht liebt, bleibt im Tod. Jeder, der seinen Bruder hasst, ist ein Menschenmörder, und ihr wisst, dass kein Menschenmörder ewiges Leben bleibend in sich hat. Hieran haben wir die Liebe erkannt, dass er für uns sein Leben hingegeben hat; auch wir sind schuldig, für die Brüder das Leben hinzugeben. Wer aber irdischen Besitz hat und sieht seinen Bruder Mangel leiden und verschließt sein Herz vor ihm, wie bleibt die Liebe Gottes in ihm?* (1 Joh 3,11-17).

Tief im **Schoß** des Herzens des Vaters ist tiefes, mitfühlendes Erbarmen. Wenn jemand sein Innerstes bzw. sein Herz verschließt, wird es für die **Liebe** Gottes unmöglich, durch ihn zu fließen. Wie kann die **Liebe** Gottes in Ihnen wohnen, wenn Sie sich innerlich verschließen? Die Offenbarung der Schönheit von Gottes heiligem Herzen ist, dass tief in ihm sich jenes niedrige, tiefempfundene Verlangen nach Gnade und Erbarmen für ein sündiges, rebellisches Volk befindet, das sich eine stolze Natur angeeignet hat. Jesus war immer **voller Erbarmen** mit den Menschen. Erinnern Sie sich daran, wen Jesus dieser Welt völlig offenbaren sollte! Das griechische Wort, mit dem das mitfühlende Herz Jesu beschrieben wird, ist „splanchnizomai" (Strong Nr. 4697). Es bedeutet, dass wir in unseren Eingeweiden uns nach etwas sehnen, Sympathie oder Mitleid fühlen; dass wir in unseren Eingeweiden bewegt werden und deshalb von Mitleid bewegt sind, Mitleid haben (denn man dachte, die Eingeweide seien der Ort, an dem sich Liebe und Mitleid befinden). Die Hebräer sahen die Eingeweide als den Ort der tiefempfundenen Emotionen – insbesondere Freundlichkeit, Wohlwollen, Mitgefühl; also unser Herz. Das Folgende sind einige Bibelstellen, die aufzeigen, dass Jesu Herz von Mitgefühl bewegt war: Mt 9,36; 14,14; 15,32; 18,27; 20,34; Mk 6,34; 8,2; 9,22; Luk 7,13; 10,33; 15,20.

Wenn sich jemand entscheidet, Gedanken der Gleichgültigkeit, Bitterkeit, Unversöhnlichkeit, des Ärgers, der Begierde, Gier, des Selbsthasses zu hegen oder irgendeine andere Form des Geistes des Mörders, der kommt, um zu stehlen, zu töten und zu zerstören (vgl. Joh 10,10; 1 Joh 3,12), dann hat diese Person sich damit entschlossen, ihr Herz dem wunderbaren Herz von Gottes Erbarmen zu verschließen! Gott hat sich entschieden, seine vollkommene Liebe durch einen Kanal des Erbarmens und des Mitgefühls freizusetzen. Wenn er also ein Gefäß findet, das bereit ist, sich zu demütigen, damit sein Erbarmen durch es fließen kann, dann wird er einen Strom seiner Liebe und Kraft durch diese Person fließen lassen! Ein Haupthindernis, das oft benutzt wird, um jemand aus dem Herzen Jesu herauszubringen, ist, ihn dazu zu bringen, fleischlich zu denken, so dass er anfängt zu murren und zu zweifeln (vgl. Phil 2,14). Solche Gedanken des Murrens oder Zweifels müssen durch ein Herz der Dankbarkeit ersetzt werden. Andernfalls wird der Feind eine Festung in den Gedanken aufbauen, und dann werden noch schwerwiegendere Leidenschaften des Zorns, des Grolls und Hasses das Denken einer Person in Beschlag nehmen!

Wenn wir versuchen, noch tiefer in die Schönheit der Heiligkeit hineinzugehen, ist es absolut wichtig, dass wir jeden Gedanken durch die Kraft des innewohnenden **Geistes** gefangen nehmen (vgl. 2 Kor 10,5). Der göttliche Kanal, den der Herr als Instrument erwählt hat, seine göttliche **Liebe** zu fassen, ist das Herz des Erbarmens bzw. Mitgefühls. Ohne dieses niedrige Herz der Demut und des Mitgefühls ist die Liebe, die durch das Herz einer Person fließt, nicht die echte Agape-Liebe (die sich opfernde Liebe) des Vaters, sondern stattdessen eine harte, kalte, gesetzliche Liebe. Vielleicht ist es das, worauf sich Jesus in Matthäus 24,12 bezog, als er sagte, dass in den letzten Tagen die Liebe vieler erkalten würde. Er benutzte das Wort Agape für

Liebe, und diese Art von Liebe findet man nur in dem Herzen einer Person, die eine Beziehung zu Gott gehabt hat. Es scheint also so zu sein, dass in der Endzeit sehr viele von Gottes Kindern ihr Herz verschließen und damit verhindern werden, dass der Strom der warmen, leidenschaftlichen und intensiven Liebe durch ihre Herzen fließt! Der Apostel Johannes hatte dieses Prinzip im Herzen Gottes wohl klar verstanden, wahrscheinlich aufgrund der Tatsache, dass er so viel Zeit nahe dem Herzen Jesu verbracht hatte!

Auch David hat wohl ganz bestimmt die tiefen Aspekte des Herzens des Vaters verstanden. Der Herr sagte, dass David ein Mann nach seinem eigenen Herzen war. Er sehnte sich danach, das Herz des Herrn zu haben. David sagte, dass es nur eine Sache gebe, die er begehre, und das sei, die Schönheit seines Herrn zu sehen. David sagte auch, dass der Mensch, den der Herr erwählt habe, um nahe bei ihm zu sein, sehr gesegnet war. *Glücklich, den du erwählst und nahen lässt, dass er wohne in deinen Vorhöfen! Wir werden gesättigt werden mit dem Gut deines Hauses, dem Heiligen deines Tempels* (Ps 65,5). David bezog sich so oft auf Gottes Barmherzigkeit, dass er sich immer auf sie verließ, da sie die Stärke und Zuversicht in seinem Herzen war, wenn er sich dem Herrn näherte. Einmal sagte der Psalmist: *Hat Gott vergessen, gnädig zu sein? Hat er im Zorn verschlossen seine Erbarmungen?* (Ps 77,10).

Der Herr muss sein Herz des Erbarmens verschließen, um seine Gerichte freizusetzen, und es wird einen großen Tag des **Gerichtes** geben, wenn der **Zorn** des **Lammes** freigesetzt wird! *... und sie sagen zu den Bergen und zu den Felsen: Fallt auf uns und verbergt uns vor dem Angesicht dessen, der auf dem Thron sitzt, und vor dem Zorn des Lammes!* (Offenbarung 6,16). Deshalb fragte der Psalmist: „Hat er im Zorn seine Erbarmungen verschlossen?" Wenn ein Gläubiger sich ärgert, muss er ebenso sein Herz des Erbarmens und des Mitgefühls verschließen. Es gibt eine Zeit für Zorn und Disziplin, aber uns als Eltern und Einzelnen sollte immer klar sein, dass es notwendig ist, dass wir das Herz des Erbarmens und der Liebe zeigen, wenn wir Disziplin anwenden müssen. David, der das Herz von Gott, seinem Vater, so gut kannte (vgl. Ps 68,5; 89,26; 103,13), erwähnte häufig den

Herrn im Zorn, der sich an seine Erbarmungen erinnert. Wie wir schon festgestellt haben, war David einer der wenigen im Alten Testament, der Gott „Vater" nannte.

Mit anderen Worten: „Lieber Gott, handle mit mir nicht nur im Zorn (göttliche Disziplin), sondern erinnere dich in deinem Zorn an dein Herz des Erbarmens!" Haben Sie, lieber Leser, Ihr Herz des Erbarmens einer Person gegenüber verschlossen, weil diese Ihnen etwas angetan hat?

Eines Tages sagte Mose zu Gott: „Lass mich deine Herrlichkeit sehen!", und der Herr sagte: „Gut, ich werde alle meine Güte an dir vorbeigehen lassen" (paraphrasiert); und dann enthüllte der Herr etwas, das tief in seinem heiligen Herzen war – dass er gnädig und langmütig und voller Erbarmen war, dass er aber keineswegs den Schuldigen ungestraft davonkommen lassen kann. Was kein Auge je gesehen und kein Herz sich je vorgestellt hatte, war, dass tief in den Erbarmungen und der liebevollen Zuneigung des **ewigen Wesens** ein geschlachtetes Lamm war, noch bevor Adam geschaffen wurde! Gott selbst nahm gnädigerweise und liebevoll die volle Last des **Bösen** auf sich!!

Kein Wunder, dass die Engel immer und immer wieder verkündigen: **„Heilig, heilig, heilig** ist der **Herr** der **Heerscharen!"** *Seraphim standen über ihm. Jeder von ihnen hatte sechs Flügel: mit zweien bedeckte er sein Gesicht, mit zweien bedeckte er seine Füße, und mit zweien flog er. Und einer rief dem andern zu und sprach: Heilig, heilig, heilig ist der HERR der Heerscharen! Die ganze Erde ist erfüllt mit seiner Herrlichkeit!* (Jes 6,2.3). Der Name „Herr der Heerscharen" deutet auf den Einen hin, der unsere Kämpfe kämpft! Wie wichtig ist es doch, dass in unserer Zeit dieses schöne Herz in all seiner Pracht gesehen wird und dass auch „Gottes Geschichte" (engl.: „his story") in dieser Stunde klar gesehen und verkündet wird!

Es ist an der Zeit, dass dieses **Leben** erneut mit all seiner heiligen Schönheit der Welt offenbart wird; und dann wird der Leib Christi die Pracht seines **Hauptes** in seinem ganzen Wesen haben! Ein anderer, der die Schönheit der Heiligkeit wohl klar gesehen hat, war der Apostel Paulus.

> *Wenn es nun irgendeine Ermunterung in Christus [gibt], wenn irgendeinen Trost der Liebe, wenn irgendeine Gemeinschaft des Geistes, wenn irgendein herzliches [Mitleid] und Erbarmen, so erfüllt meine Freude, dass ihr dieselbe Gesinnung und dieselbe Liebe habt, einmütig, eines Sinnes seid, nichts aus Eigennutz oder eitler Ruhmsucht [tut], sondern dass in der Demut einer den anderen höher achtet als sich selbst* (Phil 2,1-3).

> *Zieht nun an als Auserwählte Gottes, als Heilige und Geliebte: herzliches Erbarmen, Güte, Demut, Milde, Langmut!* (Kol 3,12).

> *Denn Gott ist mein Zeuge, wie ich mich nach euch allen sehne mit [der] herzlichen [Liebe] Christi Jesu* (Phil 1,8).

Paulus ermutigte die Gemeinde, das „herzliche Erbarmen" Jesu Christi anzuziehen, eines Sinnes zu sein und nichts aus einem Herzen heraus zu tun, das für Gottes Erbarmen und Mitgefühl untereinander keinen Raum hat. Paulus sagte, er sehne sich danach, dass sie im Erbarmen Jesu Christi seien. Er sagte zu den Thessalonichern, er habe sich ihnen gegenüber so verhalten, wie eine stillende Mutter ihrem Kind gegenüber! Diese Demut und Niedrigkeit der Gesinnung im Herzen des Vaters geht mit andere so um, als seien diese zerbrechlich und empfindlich und als hätten sie extreme Freundlichkeit nötig.

> *... sondern wir sind in eurer Mitte zart gewesen, wie eine stillende Mutter ihre Kinder pflegt. So, in Liebe zu euch hingezogen, waren wir willig, euch nicht allein das Evangelium Gottes, sondern auch unser eigenes Leben mitzuteilen, weil ihr uns lieb geworden wart* (1 Thess 2,7.8).

Die Offenbarung der Schönheit der Heiligkeit bringt eine Person, eine Gruppe oder eine Gemeinschaft innerlich in eine radikale Veränderung, wie sie sich selbst, andere und den Gott, dem sie dienen, sehen. Je mehr Menschen in dieser Offenbarung leben, desto mehr wird sie sich ausbreiten und andere stark beeinflussen, in deren Nähe sie kommen. Innerlich erkennt jemand, der die Schönheit in Gottes heiligem Herzen sieht, wie attraktiv es ist, die Schuld für die Schuldigen auf sich zu nehmen. Er wird auch Erbarmen mit denen haben, die ihn misshandeln, und er hat Mitleid mit den Tätern, weil er weiß, dass diejenigen, die andere missbrauchen, sicherlich selbst auf alle mögliche Weise gequält sind! Ein solcher Mensch sieht, wie viel er Gott schuldig ist für jedes Erbarmen, das dieser ihm erwiesen hat; und er sieht, wie wenig er die unzähligen Segnungen Gottes wirklich verdient, die er zuvor als selbstverständlich angesehen hat! Langsam aber sicher wird der, der wirklich die Schönheit der Heiligkeit gesehen hat, eine Verwandlung im Inneren seines Herzens erleben, die ihn weich macht und die sein Herz von einem Herzen aus Stein zu einem Herzen aus Wasser werden lässt (vgl. Ps 114). Vor allem aber wird der Vater selbst die Schönheit seines Sohnes sehen, wenn er eine solche Person ansieht, die in der Schönheit der Heiligkeit wandelt!

In diesem Buch haben wir uns fortwährend mit dem Thema der **Schönheit** des **Königs** bzw. der Schönheit der Heiligkeit befasst, wie sie in der Gesinnung Christi geoffenbart wird. Haben Sie, lieber Leser, einen Einblick in die verborgene majestätische Schönheit in der Heiligkeit erhalten?

In Markus 4,8.20 lesen wir von dem guten Boden, auf den der Same (das Wort Gottes) gesät wird; und selbst in diesem guten Boden tragen manche dreißigfach, manche sechzigfach und manche hundertfach Frucht. Woran liegt es, dass mancher Boden dreißigfach und mancher hundertfach Frucht trägt? Könnte es sein, dass es an den Steinen liegt, die im Boden ihren Platz einnehmen? Die Steine befinden sich unbefugt auf einem Land, auf das sie nicht gehören. Wenn jemand einen brachliegenden Boden aufbricht, dann kommen die Steine und Felsbrocken heraus und er macht sein Herz zart und weich. Der Herr hat verheißen, für (harte, eigensinnige und unnachgiebige) Herzen aus Stein (zarte, verständnisvolle und weiche) Herzen aus Fleisch zu geben, und deshalb wird das Land (wir) überall, wohin er uns senden will, sehr viel Frucht bringen.

Die heilige Schönheit des Königs in seiner Schönheit der Heiligkeit ist sein äußerst sanftmütiges, demütiges und niedriges **Herz.** Dies ist ein verborgenes **Geheimnis,** das der Vater in seinem herrlichen Sohn **offenbaren** wollte und will. Die Herzenszuneigung und -haltung Christi wird dem Leib Christi gegeben, damit dieser vereint die Schönheit von Gottes Heiligkeit dieser Welt offenbaren kann.

In dieser Welt gibt es zwei Reiche. Ein Reich ist das Reich der Finsternis, und der König dieses Reiches ist ein **stolzer, arroganter** Herrscher namens Satan. Aus seinem erhobenen Herzen verleumdet, beschuldigt und kritisiert er Menschen; und es gefällt ihm, dafür jede Stimme zu benutzen, die sich seinem Einfluss beugt. Im Kern seines Wesens ist Stolz, und genau der Zustand, der ihn zu ewiger Strafe verdammte, war ein hochmütiges Herz (vgl. 1 Tim 3,6). Er hat diese Haltung in die Kinder Adams hineingelegt, und deshalb ist Stolz bei allen Menschen die Wurzel ihrer menschlichen Natur. Jesus kam als das niedrige, sanftmütige Lamm Gottes und legte die Axt an die Wurzeln der Bäume (vgl. Mt 3,10). Wir werden die Bäume des Feldes genannt. Die Wurzel all unserer Probleme, Sünden und unseres Unglaubens ist Stolz. Wenn sich jemand demütigt, dann bereitet er den Weg dafür, dass der allmächtige Gott seine **Gnade** in sein Leben und in seine Umstände hineingießen kann, denn Gott liebt es, dem Demütigen Gnade zu geben (vgl. 1 Pt 5,5; Jak 4,6; 2 Chr 7,14).

Im Herzen des Königs dieses Reiches – dem Reich der Finsternis – ist ein Geist des Stolzes, und dieses Reich benutzt Gewalt und Manipulation, um vorwärtszukommen. Es benutzt die Pläne einer weltlichen, fleischlichen Gesinnung, um Antworten zu bekommen und Probleme zu lösen. Die Zahl der Diener unter seiner Herrschaft offenbart seine Autorität. Es ist immer auf äußerliche Formen und Schein ausgerichtet. Da es mit Gewalt und Macht seine Ziele erreichen will, bietet es eine gewisse Befriedigung und ein Pflichtbewusstsein trotz seiner rüden Art, mit denen umzugehen, die unter seiner Autorität sind. In diesem Reich müssen andere Götter angenommen und toleriert werden. Täuschung und Schuld sind die Hauptcharakteristiken der unsichtbaren Machenschaften dieses Reiches.

Der König über das Reich des Himmels bzw. des Lichts ist das genaue Gegenteil des Königs über das Reich dieses Weltsystems. Dieser König des Himmels hat ein Herz, das sanftmütig und niedrig ist. **Wahrheit** ist die **alleinige Basis jeder Entscheidung und ist die Säule, die seine universelle Struktur stützt.** Um in diesem Reich größer zu werden, muss man in seiner Selbsteinschätzung kleiner werden. Je mehr man gibt, ohne etwas dafür zu erwarten, desto mehr Anerkennung und Ehre empfängt man in diesem Reich. Je niedriger das eigene Herz ist, desto mehr Prestige ist einem vom König über dieses Reich garantiert. Liebe ist die Sprache dieses Reiches, und alle seine Bürger wissen, wie man sie spricht. Völlige Abhängigkeit vom obersten Herrscher dieses Reiches ist der Weg, um Hilfe und Anerkennung zu erhalten. In diesem Reich darf man dem, was man sieht und was sichtbar ist, nicht vertrauen, und was unsichtbar ist und von seinem **unsichtbaren** Herrscher verfügt wurde, soll **ausdrücklich** empfangen werden! In diesem Reich dürfen keine anderen Götter akzeptiert oder toleriert werden. In diesem Reich wird Schönheit durch das beurteilt, was die Bürger in ihrem Innern tragen.

Schönheit im Reich der Finsternis wird am Äußerlichen gemessen. Die Reiche dieser Welt sahen den Sohn Gottes an und konnten keine erstrebenswerte Schönheit in ihm finden (vgl. Jes 53,2).

Die Bürger des Lichts haben sich ihre Augen öffnen lassen, sodass sie seine Schönheit sehen können, und sie antworten: „Du bist völlig schön und der Schönste unter Zehntausenden" (vgl. Hld 5,10). Wenn wir diese Schönheit der Heiligkeit vor Augen haben, beginnen wir jeden Augenblick zu schätzen, denn wir sehen jeden Augenblick als neue Gelegenheit, abzunehmen, damit der schöne Christus in uns zunimmt. Wenn uns die Augen für die Hässlichkeit des Stolzes geöffnet werden, dann freuen wir uns über jede Gelegenheit, die uns der souveräne Herrscher gibt, um diesem mächtigen und allgegenwärtigen Feind des Reiches seines Königs einen noch tieferen Todesstoß zu verpassen. Diese Gesinnung in uns zu haben, wird für uns als Anbeter des Königs zu einem Segen und Vorrecht, und nicht zu einer Last.

Wurde Ihnen offenbart, dass man die Heiligkeit Gottes hauptsächlich in seinem völlig andersartigen Wesen der Niedrigkeit und Sanftmut sieht? Dieser eine Aspekt seines Herzens ist das, was ihn von diesem Weltsystem völlig unterscheidet. Haben Sie, liebe Leser, den König in seiner Schönheit gesehen? Haben Sie die Schönheit in der Heiligkeit gesehen? Haben Sie die Ehre und das Vorrecht gesehen, das königliche Abzeichen des Reich-Gottes-Charakters zu tragen? Sehen Sie das Joch der Demut Ihres Herrschers schon als erstrebenswert an? Haben Sie erkannt, dass die Fülle des allmächtigen **Geistes** dieses **allmächtigen Königreiches auf die ganze Erde ausgesandt** wird und er das **Herz des geschlachteten Lammes** in sich trägt?

Der Mensch wurde geschaffen, um über alle Dinge zu herrschen. Der Mensch wurde geschaffen, um der ganzen Erde **königliche Autorität und königlichen Charakter** zu demonstrieren. Der Mensch wurde geschaffen, um das **Abbild seines Schöpfers auf der Erde** zu sein. Die volle Offenbarung der **Herrlichkeit Gottes** wird es in einem Volk geben, dessen Bürger ihre eigene Herrlichkeit und ihr eigenes Bild völlig aufgegeben haben, das heißt ihren Stolz und ihre egoistischen Ambitionen im Reich Gottes.

Die beiden Königreiche stehen im Krieg, um die Zitadelle des menschlichen Wesens, seines Herzens zu erobern. Derjenige, der das Herz gewinnt, erobert den Thron. Das Herz des Menschen wurde ursprünglich geschaffen, um sich in Demut seinem wunderbaren Herrn zu beugen, aber durch die Täuschung des Bösen erhob sich das Herz des Menschen im Stolz, und dies hatte den Sündenfall der Menschheit zur Folge.

In einem anderen Garten, dem Garten Gethsemane, fügte sich der Sohn des Menschen in totaler Unterordnung dem Willen des Vaters. Er besiegte den Feind und er stand von den Toten auf, um seinen siegreichen, niedrigen Geist seinem Leib auf Erden zu verleihen, damit dieser siegreich sei. Jetzt ist der Ruf des Geistes an ein Volk ergangen, diese Gesinnung in sich zu haben, die in Christus Jesus ist, denn es ist Gott, der beides in ihnen wirkt, das Wollen und das Vollbringen nach seinem Wohlgefallen. Deshalb tun sie alle Dinge ohne Murren und Klagen (vgl. Phil 2,5.13.14).

Wir müssen uns entscheiden, uns in jedem Bereich zu demütigen, in dem wir unsere Herzen im Stolz erhoben haben. Jeder Person gegenüber, zu der ich unhöflich oder gemein war, muss ich mich demütigen und, wenn möglich, sie um Vergebung bitten. In jedem Bereich, in dem ich Gott die Schuld gab, muss ich ihn um seine Vergebung bitten. In jedem Bereich, in dem ich andere falsch gerichtet habe, muss ich stattdessen die Schuld und das Urteil auf mich selbst nehmen. Jetzt ist die Zeit gekommen, mich in jedem einzelnen Bereich, in dem sich mein Herz geweigert hat, sich in Demut zu beugen, zu demütigen, zu beten und sein Angesicht zu suchen und von meinen bösen Wegen umzukehren, und dann wird er vom Himmel her hören, meine Sünde vergeben und mein Land heilen (vgl. 2 Chr 7,14).

In Sprüche 21,24 steht: *Der anmaßend Übermütige - Spötter ist sein Name - handelt mit maßlosem Übermut.* Damit ist eine Person gemeint, die sich so mit Stolz identifiziert hat, dass ihre ganze Natur und Identität zu der eines Spötters wurde. Sie wird beinahe jeden verspotten und verachten, und häufig merkt sie noch nicht einmal, dass sie es tut. Die Wurzel im Herzen eines Spötters ist, dass es einmal eine Zeit gab, in der sein Stolz verletzt wurde, und statt umzukehren und sich zu demütigen, beschloss sein stolzes Herz, sich zu rächen und bitter zu werden. Das ist die Quelle seines stolzen Zorns. Er wurde zu einem bitteren Spötter, weil zu einem bestimmten Zeitpunkt in seinem Leben jemand seinen Stolz verletzt hat.

Lassen Sie uns dieses niedrige, sanftmütige Herz unseres erhabenen Königs auf uns nehmen und lassen wir ihn sein eigenes Herz und seinen Geist in uns hineinarbeiten, bis wir zur ganzen Fülle Gottes erfüllt sind (vgl. Eph 3,17-21).

Liebe Leser, der Herr möge Sie reichlich segnen, wenn Sie nun sein Joch der Niedrigkeit auf sich nehmen.

**Haben Ihre Augen den König in seiner Schönheit gesehen?**

Ihr Bruder im Bund von Golgatha
GREG VIOLI

E-Mail: gmvioli@earthlink.net
Internet: www.aplaceforhisglory.com

Das auf diesem Buch aufbauende, vertiefende Buch „Das Herz des Lammes" erscheint voraussichtlich Anfang 2008 auf Deutsch.

# Weitere Produkte von GloryWorld-Medien

## „Kirche nach dem Herzen Gottes“

**Mike & Sue Dowgiewicz**

### Zeiten der Wiederherstellung

*Fundamente für ein authentisches Christsein; Fundamente für die Endzeitgemeinde;* 320 Seiten, gebunden

Wie können wir als Einzelne, als Familien und als Gemeinde die Vertrautheit und Vollmacht der ersten Christen zurückgewinnen?

Dieses Buch lädt zu einer Entdeckungsreise ein. Sie lernen die Charakteristiken des urgemeindlichen, noch hebräisch geprägten Lebensstils kennen, aber auch die Fehlentwicklungen der frühen Kirche. Im Wesentlichen bietet es aber eine Orientierung auf dem Weg zu geistlicher Erneuerung.

**Wayne & Clay Jacobsen**

### Authentische Beziehungen

*Die verlorene Kunst des Miteinanders;* 160 Seiten, Pb

Die Liebe der ersten Christen untereinander war sprichwörtlich. Ihr Miteinander und ihre Ausstrahlung waren ihr größtes Zeugnis.

Heute sind echte und tiefe Beziehungen zu Einzelnen und in der Gemeinde rar geworden. Wir haben die Kunst, solche Beziehungen aufzubauen, verlernt oder sind nicht gewillt, die entsprechenden Kosten auf uns zu nehmen. Die Folge ist, dass unser Zeugnis nach außen schwach ist und dass viele in den Gemeinden unter Einsamkeit und oberflächlichen Beziehungen leiden.

Die Autoren erläutern, welches Modell für liebevolle, ermutigende und authentische Beziehungen wir im Neuen Testament finden, und zeigen anhand praktischer Beispiele, wie wir zu solchen Beziehungen kommen und sie pflegen können.

**Jim Montgomery**

### Lass dein Licht leuchten

***Wie Jesus zu unseren Nachbarn kommt***

140 Seiten, Paperback

Immer mehr Christen fangen an, ihre Nachbarn, ihre direkte Umgebung als Auftrag zu sehen. Sie wollen gerade dort ein Licht sein, wo sie wohnen, und sich an die Menschen hingeben, unter die Gott sie gestellt hat. Jim Montgomery zeigt Schritte auf, wie wir dieses Ziel auf unkomplizierte und natürliche Weise erreichen können, bis dahin, dass ein Hauskreis bzw. eine Gemeinde entsteht.